ちくま新書

# 改憲問題

愛敬浩二
Aikyo Koji



594

# 改憲問題【目次】

# まえがき

憲法改正の問題が現在、重要な政治的争点の一つになっている。二〇〇五年一一月二二日には、自由民主党（自民党）が結党五〇年を記念して、条文の形式をとった「新憲法草案」を公表した。憲法改正国民投票を実施するための法律の制定も具体的に検討され始めている。二〇〇五年の「郵政解散」にもとづく「9・11総選挙」で自公連立与党が圧勝したこともあり、憲法改正が一定の現実味を帯びてきている状況にある。

ところで、改憲の是非をめぐる現在の論議について、私がひどく違和感を持っている事柄が二つある。

第一に、改憲に反対する人びと（＝護憲派）は日本国憲法を神棚に祀《まつ》って、その良し悪しを議論することさえ許さないという俗説が広まっていることである。しかし、私自身は「未来永劫、改憲を一切許さない」なんて考えたことはないし、そのような発言をする憲法学者に会ったこともない（もしかしたら、私の交遊関係の狭さゆえかもしれないが）。

ちなみに、私のスタンスは単純である。大日本帝国憲法（明治憲法）よりも、日本国憲法は「良い憲法」だと判断するから、ポツダム宣言の受諾を原因とする明治憲法の改正（日本国憲法の制定）を支持する。他方、一九五〇年代以来、改憲派が出してくるどの改憲案よりも、日本国憲法は「良い憲法」だと判断するから、改憲に反対して現行憲法を擁護する。ただ、それだけの話である。

第二に、改憲に対する賛否を聞く際、奇妙な質問がよく行われることだ。「あなたは憲法の改正に賛成ですか？　それとも反対ですか？」と尋ねる質問である。私が興味深く思うのは、この質問が、現行憲法のどの規定に、どんな問題があり、どんな改正を行うと、どんな効果が期待できるのか、という実質的な議論を一切しないまま、いきなり憲法改正に対する賛否を決めよ、と求めている点である。しかし、憲法改正という最高度に政治的な問題に対する判断を求める質問としては、これはかなり奇妙な聞き方ではないか。

憲法改正国民投票の場面で、私たちが現実に改憲の是非を判断する際、右のような「俗説」や「奇妙な質問」がまかり通っていては、私たちは間違った判断をしてしまうおそれがある。改憲に賛成するにせよ、反対するにせよ、私たちは、その判断の前提となる事実や考え方について、ある程度の理解をしておく必要がある。

これは、医療現場における「インフォームド・コンセント」の考え方に似ている。そして、本書が目指したのは、現代改憲問題におけるインフォームド・コンセントのための条件づくりだといってよい。最近の改憲派は、主権者である国民が「国家のあり方を最終的に決定する権利」を持つことをやたらと強調したがるが、そうだとしても、少なくともその決定は、必要な情報を十分に得たうえで行われることが望ましいはずだ。このことさえも否定する人は、国民主権を改憲の正当化理由に利用しているだけで、本気で国民主権を奉じているわけではないのだろう。

＊

本書の主役「狩田教授」を政治思想学者に設定したのは、衆議院憲法調査会会長の中山太郎氏が、「憲法論議を憲法学者だけのものにしてはならない」と述べているからである（→二四四頁）。そこで、憲法学者以外の人物に講義をしてもらうことにした。そのため、本書では、憲法学に特有な議論はなるべく控え目にし、参考文献についても、憲法学以外のものを多数利用している。これなら、「憲法論議を憲法学者だけのものにしてはならない」と中山会長からお叱りの言葉を頂戴することもないだろう。

なお、本文中にもある「→二四四頁」という指示は、本書の該当頁の参照を求める際に利用した。前段落の指示に関していえば、本書の二四四頁を読めば、中山会長の発言とそれに対する狩田教授のコメントが読めるという寸法である。

また、本書はさまざまな論者の議論を検討しているので、私の評価や批判が本当に妥当なのか、原典に当たって検討してみたいと考える読者もいるだろう。そこで、私が参照・引用した箇所を本文中に明示することにした。

たとえば、「コンドルセの定理については長谷部教授の説明を参照（[54]二六―八）」という文章が本文中にある場合、巻末の「引用文献一覧」の文献番号[54]長谷部恭男『憲法と平和を問いなおす』（ちくま新書、二〇〇四年）二六～二八頁を参照すると、「コンドルセの定理」に関する的確な説明を読むことができる。

現実の改憲論議は、政府与党である自民党の改憲案を「たたき台」にして進められる可能性が高い。そこで、本書では、各党の改憲案を網羅的に取り上げて整理・検討するのではなく、自民党の改憲案の批判的検討に力点を置いた。そのため、自民党のいくつかの改憲案に何度も言及することになるので、本文中では次の略称を利用した。

「論点整理」：自民党憲法調査会・憲法改正プロジェクトチーム「論点整理」（二〇〇四年六月一〇日）。

「改憲大綱」：自民党・憲法改正草案大綱（たたき台）（二〇〇四年一一月一七日）。

「新憲法草案」：自民党・新憲法草案（二〇〇五年一一月二二日）。

これらの改憲案も含めて、本書で言及する改憲案のほとんどは、渡辺治『憲法「改正」

の争点』（旬報社、二〇〇二年）、全国憲法研究会編『憲法改正問題』（日本評論社、二〇〇五年）資料編で読むことができる。原典に当たって自分で検討したいと思う読者には、この二冊の利用をお勧めする。

＊

本書の構成は、序章にあたる「ある日の狩田ゼミの風景」と題する章で、典型的な改憲正当化論を狩田ゼミの学生の口を借りて整理し、第1章から第9章までの九回の講義で、狩田教授が応答するかたちになっている。全体を通読する暇のない読者は、まず自分が説得力を感じるゼミ生の意見をみつけ、それに対する狩田教授の応答を読むというかたちで、本書を利用していただけると幸いである。意見を述べたゼミ生の名前と狩田教授の応答の関係は次のとおりである。

荒畑君（5章・6章）、今池さん（3章・7章）、金山君（6章）、桜山君（4章）、千種君（3章・8章）、伏見君（2章）、本郷君（1章）、本山さん（7章）。

# ある日の狩田ゼミの風景――序に代えて

## †法学部狩田教授

南向きの研究室には心地よい日差しがそそいでいた。

紅茶を飲みながら、カート・ヴォネガットのエッセイ集『死よりも悪い運命』を再読していた狩田教授は、腕時計をみると、少し憂鬱《ゆううつ》そうな顔になった。これから、大学一年生向けの「社会科学入門ゼミ」に行かなければならないので、読書を中断せざるをえないからだ。狩田教授は「どっこいしょ」といいながら、椅子から立ち上がった。そして、筆記用具だけ持って研究室を出て、ゼミ室へと向かった。立ち上がる際に「どっこいしょ」というようになったのはいつからかな、と自問しながら。

狩田教授は一九四六年一一月三日生まれ。今年で還暦を迎える。たまたま日本国憲法公布の日に生まれた狩田教授は「憲一」と名づけられたが、その名前にふさわしく憲法学者の道を選んだわけではない。学部生のときに受講した政治学の講義で、なぜ多数決が正しいのかを数学的に説明する「コンドルセの定理」を教わった狩田教授は、その定理自体も興味深いと思ったが、それよりなにより、コンドルセその人に関心を持ってしまったのだ。マリー・ジャン・アントワーヌ・ニコラ・ド・カリタ・コンドルセ侯爵（一七四三〜九四年）は、数学者・哲学者でありながらフランス革命期に政治家として活躍した啓蒙思想家で、ジャコバン（山岳派）独裁下の恐怖政治の中で獄死した人物である。

学生運動が急進化する一九六〇年代後半のキャンパスにおいて、「ノンポリ」を決め込んでいた狩田青年は、コンドルセの思想と生涯を勉強して感銘を受け、さらに彼の長い名前の一部に自分の苗字が収まっていることを発見して、運命的なものを感じた。故郷に戻って地方公務員になるつもりだった彼は大学院に進学し、いつの間にか、コンドルセを中心にフランス啓蒙思想を研究する政治思想研究者になっていた。

はじめて出席した研究会などでは、「名前ではなく、苗字にふさわしい研究テーマを選んだ狩田です」と自己紹介するのだが、コンドルセの名前の一部が「カリタ」であることを知っている人はほとんどいないので、誰にも笑ってもらえないことを、狩田教授はほんの少しだけ残念に思っている。

## †憲法の「押しつけ」は暴挙？

狩田教授の「社会科学入門ゼミ」では、日本の政治・社会に関わる問題をゼミ生が自由に取り上げて、議論することになっている。先週のテーマは、「死刑制度の是非」だった。今週の報告担当者は池下君と今池さんの二人で、テーマは「改憲問題」である。二人は、改憲の是非に関する「改憲派」と「護憲派」の議論を整理したうえで、「自民党・新憲法草案」(二〇〇五年一一月二二日)の内容を紹介し、その問題点を検討した。一年生にしてはよくまとまった報告だったが、狩田教授はやや不満だった。報告者の立場が明示されなかったからである。彼はちょっと不機嫌そうにいった。

狩田「結局のところ、報告者は改憲に賛成なんですか？　それとも反対なんですか？その点を明快にしてくれないと、この後の議論が盛り上がらないよね」。

池下君と今池さんは顔を見合わせ、しばし逡巡《しゅんじゅん》した後、池下君がまず答えた。

池下「僕は改憲に反対です。イラク戦争とかをみても、武力によらないで平和を実現するという憲法九条の考え方は、ますます重要になってきてるんじゃないかと思います」。

今池「確信があるわけではないんですけど、自衛隊が現実に存在する以上、それを憲法に明確に位置づけるための改憲ならば、賛成してもいい気がします。でも、自民党案のように、海外での軍事行動を可能にすることにはあまり賛成できません」。

狩田「では、報告者の立場が明らかになったので、自由に意見を述べてください」。

狩田教授がそう宣言すると、いつも最初に発言をする元気のいい本郷君が案の定、今日も元気に最初の発言をした。

本郷「僕は改憲すべきだと思います。改憲問題を考えるうえで、一番重要なのは、日本人がアメリカに押しつけられた日本国憲法を後生《ごしょう》大事に守っているという事実を直視することだと思うんだな。国家の基本法である憲法を押しつけるなんて、許せない暴挙ですよ。それに、押しつけられた憲法に我慢してるから、日本はアメリカにちゃんとものがいえない。『対米追随』をやめたければ、最初にすべきなのは、自主憲法の制定です。そうすれば、日本人は自信を持つし、元気も出る。問題は憲法の内容ではなく、自ら憲法を制定するという日本人の気概です。僕は改憲に賛成です」。

本郷君とパートナーを組んでいる日比野君から、先日のコンパの際、「本郷の奴、報告の準備は全部、僕に押しつけておきながら、ゼミのときは、自分で勉強したように報告するんですよ」と泣き言をいわれた狩田教授は、「ゼミ報告だって、押しつけは暴挙だぞ」と茶々を入れたくなるが、ここは我慢する。

## †改憲は現実的、護憲は非現実的？

元気な本郷君の次に発言したのは、苗字とは対照的に冷静な議論をする荒畑君である。

荒畑「今さら、『押しつけ憲法論』みたいに感情的な議論をしても無駄だと思います。自分で憲法を制定すれば、アメリカと日本の関係が変わるなんて、単なる本郷君の思い込みですよ。何の保証もない。

それよりも、僕は現実を直視すべきだと思います。F15戦闘機やイージス艦を持つ自衛隊は明らかに軍隊ですよ。イラク戦争にだって日本は『参戦』してるんです。小泉首相は自衛隊をイラクに派遣するとき、『戦争に行くわけではない』っていったけど、あんなのゴマカシです。

今のところ、政府は憲法九条に手をつけずに解釈で、自衛隊のイラク派遣とかを正当化しているけど、この解釈改憲の手法はもう限界にきていると思います。もはや九条は軍事大国化路線の歯止めになっていません。ですから、平和が大切だという護憲派の人も、さらなる軍事大国化に歯止めをかけるために、自衛隊をいったん軍隊と認めたうえで、必要な歯止めをかける『新しい九条』の可能性を追求すべきだと思う。それをしないまま、ただ『憲法九条を護ろう』なんて、非現実的な態度ですよ」。

今池「私も荒畑君の意見に基本的には賛成です。でも、自民党の新憲法草案をみると（→一七九頁）、単に自衛のための軍隊を認めるのではなく、国連決議と無関係にアメリカの意向に従って、海外派兵をできる条文に読めるので、判断に迷うんだけど」。

荒畑「でも、それだって、現状を追認するだけでしょ。少なくとも、解釈改憲をこれ以上続けるよりは、マシだと思うなぁ。もう九条の解釈論って、『神学論争』の域に達してると思うんですよ。たとえば、テロ特措法による米軍支援を正当化するために、当時の中谷元《げん》・防衛庁長官は、『発射後に人為的に誘導可能なミサイルの場合、ミサイルの発射自体は戦闘行為に当たらない』って答弁したんです（一五三回国会・衆院テロ特別委、二〇〇一年一〇月一五日）。こんな馬鹿げた答弁をするのも、憲法九条の下で無理に目先の軍事行動を正当化しようとするからです。

憲法九条の存在は、討議を通じた政治という民主政の本質を蝕《むしば》んでいると私は考えます。解釈改憲の手法は、軍事力に対する歯止めの観点からも、健全な民主的討議の確保という観点からも、最悪ですよ」。

「池下君に質問があります」と手を挙げたのは、千種君である。

千種「池下君は憲法九条がますます重要になってきているっていうけど、北朝鮮とかヤバそうな国が近くにあるのに、軍隊を一切持たないなんて非現実的だとは思いませんか」。

池下「えっと、千種君は少し勘違いしてると思うんですけど。今の日本が完全に非武装ってわけじゃないですよね。自衛隊もあるし、日米安保条約にもとづいて駐留する米軍もあるし……」。

千種「それっておかしくない？　池下君は自衛隊や在日米軍を認めつつ、その一方で、九条を護ろうっていうのって、矛盾してない？」。

池下「まぁ、そうだけど。でも、現在の改憲問題は、『他国から侵略された場合にどうするか』ということよりも、海外での軍事行動の是非が中心的な争点だと思うから……」。

「池下君、はっきりしないね」と茶々を入れたのは、元気な本郷君である。

## †「新しい憲法」を議論しよう？

ゼミ生の中で最も流行に敏感だと自負している、本山さんが発言した。

本山「私、改憲問題というと、すぐに九条問題になっちゃうのが不満なんです。日本国憲法が制定されてから、もうすぐ六〇年ですよね。その間、一回も改正していないなんて、変ですよ。六〇歳なんて、人間だったら、そろそろリタイアする頃ですよ」。

狩田教授は「僕もそろそろリタイアしろってことかな？」と茶々を入れたい気もしたが、ここでも黙っていた。彼のそんな気持ちを知ってか知らずか、本山さんは発言を続ける。

本山「問題は九条だけじゃないんです。私が関心あるのは、『新しい人権』ですね。たとえば、日本国憲法ができた頃、現在のＩＴ社会なんて想像もできなかったと思います。知る権利とか、プライバシーの権利とか、現代社会においてすごく重要な権利が、日本国憲法には書かれていません。また、科学技術の発展は新しい倫理的問題を私たちに突きつけています。生命倫理の問題とか、地球環境問題とか。日本国憲法はこういう問題を知らない人びとがつくった『古い憲法』なんです。だから、現在に生きる私たちが、そんな『古い憲法』の見直しを行うのは当然だと思います」。

本山さんに好意を抱いている（らしい）伏見君が発言する。

伏見「僕も本山さんに賛成です。護憲派の人は、憲法改正の是非を議論することさえけしからん、といってるように感じます。でも、タブーはいけませんよ、タブーは。何でも自由に議論すべきです。民主主義の世の中なんだから。時代が変われば、国家の基本ルールが変わるのも当然です。改憲論議をタブーとせずに、国民が自分たちの国家のあり方を自由に議論する機会って感じで、改憲問題を考えたほうが生産的だと思います」。

先々週、「女性天皇・女系天皇の是非」を議論した際、狩田教授が、「万世一系とかいうけど、側室を認めてきたからできたことだよね。でも、現代の感覚からして、いくら男系を守るといっても、側室を認めればいいとはいえないよね」と感想を述べると、伏見君が憤然として、「先生、それはタブーですよ。いくら民主主義の世の中だって、公言すべきでないこともあると思います」といったことを、狩田教授はふと思い出していた。

## †国民主権の発動？

本山さんに好意を抱いている（らしい）桜山君も続いて発言する。

桜山「本山さんの発言で大切だと思うのは、『現在に生きる私たちが憲法の見直しをすべき』というところだと思います。本郷君は『日本国憲法はアメリカの押しつけだから、改正すべきだ』っていうけど、本当に『押しつけ』があったのか否か、憲法史研究者の間でも議論が分かれているようです。でも、もっと根本的に考えれば、日本国憲法をつくったのがアメリカ人であれ、日本人であれ、六〇年も前の人びとの決定に、現在の私たちが縛られていることのほうが問題だと思うんです。

国民主権という考え方は、『政治のあり方を最終的に決定するのは国民である』という考え方のはずです。だから、その時代、その時代の国民が、『この国のかたち』を自分たちでつくり出す、という発想が大切です。憲法改正はまさに国民主権の発動なんですよ。それを六〇年間もさぼってきたところに、日本の民主主義の弱さがあると思うし、ついでにいってしまえば、護憲派って本当に民主主義の信奉者なのかって疑っちゃいますね」。

本郷「『押しつけ憲法』の問題をどうでもいいようにいうのは賛成できないけど、今こそ、国民主権を発動して、『新憲法』を制定すべき、という桜山の考え方には賛成だな。日本の民主主義を元気にするためにも、憲法改正は必要だよ」。

熱狂的な競馬愛好家の金山君が今日、はじめて発言した。

金山「九条を護れっていう側もさ、憲法改正国民投票を受けて立って、国民投票で過半数の反対票を獲得して、改憲案を葬りさればいいんだよな。勝負はやってみなくちゃ、わかんないいんだし。それに、もし国民投票で九条支持派が勝てばさ、本郷みたいに『憲法は押しつけられたぁ！』とかいう奴にも反論できるじゃない。やっぱ勝負すべきだよ」。

桜山「そうそう。そう考えると、現行憲法九六条の改正要件は厳しすぎると思います。衆参両院の三分の二以上の賛成でやっと改憲案を発議できて、さらに国民投票による過半数の賛成を要求するなんて。あまりに国民主権の意義を軽視していると思います」。

## †改憲の必要性に関するゼミ生の意見

荒畑「憲法改正すれば、日本の民主主義が活性化するって意見は、根拠薄弱だと思うけどなぁ」。

本郷「荒畑は損得勘定からしか政治をみないからダメなんだよ。ロマンチックじゃないよねぇ」。

本山「あら。ロマンだけで政治をやられたら困るわ。『大東亜共栄圏』だってロマンチックだったんでしょ、当時は」。

伏見「そうそう。政治には損得勘定も必要だよ。タブーはいけないけどね」。

本郷「お前、損得勘定で発言しているな。扶桑社の『新しい歴史教科書』を一緒に読んだ仲じゃないか。溜飲《りゅういん》が下がったっていってたよな。お前が難しい感想をいうから、俺、『広辞苑』で調べちゃったよ。おい伏見! 国を愛するのと、女を愛するのとどっちが大事なんだ!」。

いつものことだが、狩田教授の「社会科学入門ゼミ」の議論はどんどん脱線し始めた。報告者の二人は困り果てている。今池さんが大声をあげる。

今池「みなさん、ちょっと静かにしてください。議論が全然、関係ない方向に行ってますよ。とりあえず、みなさんの意見を整理してみます」。

今池さんの指示に従って、池下君が黒板にゼミ生たちの発言の要約を書き始めた。

改憲の必要性に関するゼミ生の意見

(1) 改憲が必要な一般的理由

・日本国憲法は「押しつけ憲法」だから（本郷）
・日本国憲法は「古い憲法」だから。時代に即した改憲が必要（本山）
・改憲は国民主権の発動（桜山・金山）
⑵とくに九条改正が必要な理由
・自衛隊の存在を認めるのが現実的（荒畑）
・「解釈改憲」は最悪。軍事大国化を抑止するための改憲（荒畑）
・侵略の危険がある以上、九条を改正すべき（千種）

意見の要約を書き終えた池下君が振り返ると、伏見君が手を挙げて発言を求めた。

伏見「改憲論議をタブーにするな、という僕の意見も書いてください」。

池下「でも、それって、なぜ改憲が必要なのかを論じてるわけではないですよね」。

伏見「日本の政治にタブーがあるってのが一番問題なんだ。憲法を『不磨の大典』にしてしまうところが、日本の政治のダメなところなんですよ。だから、僕の意見も書き出してください」。

池下君は、「わかった」というと、「⑴改憲が必要な一般的理由」の欄に、「改憲論議をタブーにすべきでない（伏見）」と書き足した。

今池「先生、私たちの議論はこんな感じです。改憲賛成派が優勢って感じですね。そろそろ先生のご意見を聞きたいんですけど。先生、起きてます?」。

ずっと目をつぶってゼミ生の議論を聞いていた狩田教授は、「どっこいしょ」といって席を立つと、黒板の前まで歩いていった。そして、ゼミ生のほうを向くと、開口一番こういった。

狩田「ちゃんとみなさんの話を聞いていましたよ。さて、今池さんのご要望ということで、僕の意見を述べることにしましょう。ちょっと回り道かもしれないけど、アメリカ憲法の話から始めたいと思います。ビートルズの曲名にちなんで、『自由への長く曲がりくねった道』ってタイトルにしときましょう」。

「アメリカ憲法の話がどう関係するの」と多くのゼミ生が怪訝《けげん》な顔をする中、狩田教授はちょっと早口で話し始めた。

第1章　自由への長く曲がりくねった道――「押しつけ憲法論」を超えて

## †「アメリカの自由」の妊娠期間

カート・ヴォネガットは私が愛読する小説家の一人である。ドイツ系アメリカ人であるヴォネガットは第二次大戦の際に陸軍に召集されてドイツとの戦争に出征した。そして、ドイツ軍の捕虜となった彼は、連合国によるドレスデン無差別空爆（一九四五年二月）の被害者となる。その特異な体験を現代小説へと昇華した傑作が、彼の代表作でもある『スローターハウス５』（ハヤカワ文庫）である。そのヴォネガットが一九九〇年五月、キングストンのロードアイランド大学の卒業式で、こんな内容の講演をした（［13］八九―九二）。

アメリカは百年近くも奴隷制度を続けてきた。これはアウシュヴィッツといい勝負ではないか。他の人間を所有し、牛馬のように扱っておきながら、世界の国々に向かって、

「アメリカは自由のたいまつ」だなんてよくもほざけたものだ。「アメリカの自由」は独立宣言が出された一七七六年に生まれたわけではない。当時、奴隷の所有は合法的だったし、白人女性の権利さえ認められていなかった。自由はボストンやフィラデルフィアで一七七六年に「受胎」しただけである。自由はいまここでやっと生まれたのだ。そう論じた彼は、その講演を次のようにしめくくった。

さて――オポッサムの妊娠期間は十二日。インド象の妊娠期間は二十二ヶ月です。わが友人と隣人のみなさん、アメリカの自由の妊娠期間は、なんと二百年あまりにおよぶことがやっと判明したのです！

女性と少数民族に経済的、法律的、社会的平等を与えようという真剣な議論がはじまったのは、わたしの生きた時代になってからでした。いまこそ、そう、ジェファーソンの時代ではなく、きょうの午後に集まった若い人びとの時代に、自由を誕生させ、キングストンをはじめとして、この巨大な富み栄えた国のあらゆる大都市や町や村に、そのたくましい産声を聞かせようではありませんか。どこかで赤ん坊の声が聞こえるようです。赤ん坊の喜びの声が。

一九九〇年度の卒業生ばんざい、そして、みなさんを教育ある市民に育てたことで、アメリカをいっそう強力にした人たちばんざい。
ご清聴ありがとうございました。

私が憲法問題について考えるとき、何度も立ち返るテクストが、ヴォネガットのこの講演である。講演の前半のほうで、ヴォネガットは、自分が幼い頃、アメリカ南部では黒人が焼き殺されていたが、「わたしの幼いころに比べて、この国に起きた最もいちじるしい変化は、人種差別の衰退です」と述べ、そのうえで次のように論じている。

この立派な変化をわれわれの態度にもたらしたものはだれか？　それは抑圧され、侮蔑されていた少数民族の人びとです。彼らは勇気と非常な威厳を持ちあわせており、それを憲法の権利章典に記された約束に結びつけたのです。

「アメリカの自由」は二〇〇年の歳月を経て、自然に生まれたわけではない。南北戦争や公民権運動といった「産みの苦しみ」を経て、やっと「たくましい産声」をあげたのだ。もちろん、ヴォネガットも認めるとおり、この日の講演はあまりに楽観的すぎたかもしれない。「9・11事件」以後のアメリカをみると、その感をさらに強くする。とはいえ、ヴォネガットの講演は、日本の改憲問題を考えるうえでも、重要な問題提起をしているように思われる。たとえば、一九四七年五月に「受胎」した日本国憲法の理想が、六〇年という「短い」妊娠期間を経てもまだ完全に「出生」しないからといって、その理想を放棄する理由になるのだろうか、というように。

## †独立宣言と連邦憲法の矛盾

日本の話に戻る前に、もう少しアメリカ憲法の話をしてみたい。ヴォネガット講演の背景にある、アメリカ憲法史の基礎知識を提供しておきたいと思うからだ。

アメリカの独立宣言（正確な名称は、「一七七六年七月四日、連合会議における一三のアメリカ連合諸邦の全員一致の宣言」という散文的なものである）は、「すべての人は平等に造られ、造物主によって一定の奪うことのできない権利を与えられ、その中には生命、自由および幸福の追求が含まれる」ことを、「自明の真理」であると宣言していた。ところが、一七八八年に成立したアメリカ合衆国憲法（連邦憲法）は明文で奴隷制を容認していた。

当時のアメリカ合衆国は、奴隷制を維持する「奴隷州＝南部諸州」と、奴隷制を廃止した「自由州＝北部諸州」の寄合い所帯だった。すると、問題になるのは、奴隷州から自由州に逃亡する黒人奴隷の処遇である。連邦憲法には、逃亡奴隷を奴隷州に引き渡すことを定める規定が置かれていた（第四条第二節第三項）。また、連邦議会の下院の議席配分の方法を定めた第一条第二節第三項は、「下院議員および直接税は、連邦に加入する各州の人口に比例して、各州の間に配分される。各州の人口とは、年期服役者を含み、納税義務のないインディアンを除く自由人の総数に、自由人以外のすべての人数の五分の三を加えたものとする」と定めていた。

いうまでもなく、「自由人以外の人数」とは黒人奴隷をさす。北部諸州と南部諸州の政治的妥協の結果、「財産」として引渡しの対象とされる黒人奴隷は、下院の議席と直接税の配分という目的の範囲内で、「五分の三」人前の人間として取り扱われたのである。

成立当初のアメリカ憲法政治の特徴は、「奴隷州＝南部諸州」と「自由州＝北部諸州」との間の政治的妥協にある。その典型例が一八二〇年のミズーリ互譲法である。

当時の合衆国は、奴隷州が一一州、自由州が一一州と数的に均衡していた。ミズーリが州として連邦に加入すれば、その均衡は破られる。南部と北部の妥協の結果、ミズーリ州を奴隷州とする一方、北部のマサチューセッツ州からメイン州を切り離して自由州を一つ増やすことで、奴隷州と自由州が一二州で均衡するように工夫したのであった。そして、新たに州が加入する際に同じ問題がくり返されるのを防ぐため、ミズーリ州の南端沿いの北緯三六度三〇分に境界線を設け、その境界線以北における奴隷所有を禁止した（逆に以南の地域は奴隷州になる)。以上がミズーリ互譲法の内容である。

### †ドレッド・スコット判決

南部と北部の妥協による絶妙な均衡状態を粉砕したのが、「ドレッド・スコット事件」における連邦最高裁の判決だった(一八五七年)。事案を単純化して説明してみよう。A州は奴隷州、B州は自由州とする。A州に生まれた黒人奴隷Xは主人Yに従ってB州に移転する。B州は奴隷を法的に認めないから、ここでXは「自由人」になる。さて、XがA州に戻った場合、彼は「奴隷=財産」に戻るのか、それとも「人」のままなのか。

連邦最高裁が、「奴隷州に戻った以上、Xは奴隷に戻る」とだけ判決すれば、これまでの南北の妥協を裏書きするものにすぎない。ところが、連邦最高裁はずっと大胆だった。ミズーリ互譲法が三六度三〇分以北の地域の州における奴隷所有を禁止したのは財産権の侵害であるとして、同法を違憲無効としたのである。

卑近な例で説明してみよう。東京都における犬の法的地位は「財産」で、愛知県では「人」だとしよう(正確にいえば、愛知県は条例で犬を「ペット=財産」として所有することを禁止している)。私が愛犬ポチを連れて、東京都から愛知県に引っ越した場合、ポチは私の「ペット=財産」ではなくなる。ポチがトイプードルなら、ちょっとした経済的損失である。この場合、私の財産権は侵害されたといえないだろうか。

連邦最高裁がミズーリ互譲法を違憲無効としたのも、アメリカ国内を移動したことを理由として、奴隷所有者から彼の「財産＝奴隷」を剝奪《はくだつ》することは許されないと考えたからである。とはいえ、この判決の論理によれば、奴隷所有者は全米のどの場所でも、奴隷財産を所有できることになってしまう。ドレッド・スコット判決が「南部と北部の妥協による絶妙な均衡状態」を粉砕したというのは、こういうことである。

余談だが、日本の改憲論の中にも、たとえば、読売改憲試案のように、合憲・違憲の判断を迅速に行うために、憲法裁判所を設置すべきと提言するものがある。しかし、憲法や人権の価値をおろそかにする裁判官が、違憲・合憲の判断を積極的に行うことの危険性についても、十分に考慮しておくべきといえよう。ドレッド・スコット判決の教訓である。そして、このようなことを知るのも、憲法史を学ぶことの楽しみの一つである。

### †南北戦争と「押しつけ」憲法修正

さて、ドレッド・スコット判決は皮肉にも、一八六〇年の選挙で奴隷解放論者のリンカーンを大統領に押し上げた。これに呼応して、南部諸州は連邦から分離し、「南部連合」を組織した（一八六一年）。ここに南北戦争が始まる。一八六五年四月九日、アポマトックスにおいて南軍のリー将軍が北軍のグラント将軍に降服し、南北戦争は北軍の勝利に終わった。しかし、リンカーン暗殺によって大統領の座を占めたアンドルー・ジョンソンの南部再建政策はひどく穏健なものだった。そのため、連邦議会の急進派は南部懲罰の世論を背景にして、大統領の拒否権を超えて急進的な再建政策を実現していく。

北部諸州は連邦憲法第一四修正の批准《ひじゅん》を連邦復帰の条件としたが、南部諸州がこれを拒否したので、一八六七年三月、連邦議会は第一次再建法を制定して、テネシー州を除く旧南部連合諸州を軍政下に戻し、それら諸州が、黒人を含む男子普通選挙にもとづく憲法制定会議を組織し、そうして樹立された新しい州政府が第一四修正を批准することを連邦復帰の条件とした。これはまさに憲法修正の「押しつけ」である。では、問題の第一四修正とは、どんな内容の規定なのだろうか。

第一四修正第一節　合衆国において出生しまたは帰化し、その管轄権に服するすべての人は、合衆国およびその居住する州の市民である。いかなる州も合衆国市民の特権または免除を制限する法律を制定しまたは執行してはならない。いかなる州も法の適正な過程によらずに、何人からも生命、自由または財産を奪ってはならない。またその管轄内にある何人に対しても法の平等な保護を拒んではならない。

この修正条項によって黒人奴隷は、アメリカのどの地域でも基本的人権が保障される「合衆国市民」となった。南北戦争に敗れ、北軍に占領された南部諸州は、戦争までして彼らが拒否しようとした奴隷制廃止を飲まされ（第一三修正）、さらに黒人の基本的人権を保障するために州政府の権限を剝奪する憲法修正（第一四修正）を「押しつけ」られた。以上のとおり、憲法を「押しつけ」られたのは、日本だけであるかのように騒ぎ立てるのは、不勉強というものだ。

そして、ここで問うてみたい。この憲法修正の「押しつけ」はあったほうがよかったのか、なかったほうがよかったのか。私自身はこの「押しつけ」を支持する。もちろん、ウィル・スミス主演の映画『ワイルド・ワイルド・ウエスト』（一九九九年）の敵役・ラブレス博士にとって、この憲法修正は屈辱であろう。しかし、「押しつけ」から約一四〇年後の現在、世界中のほとんどの人がこの憲法修正を支持すると考えるのは、不合理な想定だろうか。

私の記憶が正しければ、『ワイルド・ワイルド・ウエスト』をDVDで観た本郷君は、「いやあ、ウィル・スミスが演じたジム・ワイルドは格好よかったすよ。最後にラブレスの野郎が死んで、スッとしました」と元気に語っていたはずなのだが。

## †分離すれども平等

しかし、ヴォネガットが、「わたしの幼いころに比べて、この国に起きた最もいちじるしい変化は、人種差別の衰退です」と論じていたことを思い出そう（↓三〇頁）。前述したとおり、南北戦争の結果、奴隷制を廃止する第一三修正、黒人の基本的人権を保障する（州政府による侵害から保護する）第一四修正、そして、黒人の選挙権を保障する第一五修正が成立した。けれども、これらの憲法修正（再建修正）によって、黒人の社会的地位がいきなり改善されたわけではない。ヴォネガットの認識によれば、「人種差別の衰退」は二〇世紀の中頃に起きたことである。

第一四修正を批准した南部諸州は、州法で大っぴらに黒人を差別することができなくなった。そこで、編み出したのが、「分離すれども平等」という手法である。たとえば、有名なプレッシー判決（一八九六年）で問題となったルイジアナ州法は、州内で運行する鉄道会社に対して同等の設備の白人用車両と黒人用車両を設けることを要求し、旅客に対して人種に従って指定された客車に乗ることを要求し、その違反者を刑罰で処罰するという内容のものだった。

連邦最高裁は、人種間の隔離は人種の優劣を意味するわけではなく（ルイジアナ州法は、黒人が白人用車両に乗ることを禁止するのと同様に、白人が黒人用車両に乗ることも禁止する）、分離していても平等な設備を提供していれば、第一四修正の「法の平等な保護」の要求に違反しないと判示した。これが悪名高い「分離すれども平等」の法理である。

マーティン・ルーサー・キング牧師が公民権運動の中心的人物に躍り出る契機となった事件が、一九五五年、アラバマ州モントゴメリーで起きた大規模なバス・ボイコット運動だった。白人用座席に座ったローザ・パークスという黒人女性が、乗務員の要求を拒絶して座り続けたために逮捕された事件が、このボイコット運動の発端である（ちなみに、パークスはつい先日、二〇〇五年一〇月に九二歳で亡くなったが、黒人女性としてはじめて連邦議会議事堂に胸像が置かれる栄誉を得た）。一九一二年生まれのヴォネガットは、「分離すれども平等」の法理を乗り越えるためのアメリカ社会の苦闘の目撃者だったわけだ。

一九五四年のブラウン判決において、連邦最高裁は公立学校における人種別学を憲法違反と判示した。「公教育の分野において『分離すれども平等』の法理を受け入れる余地はない。人種別学は本質的に不平等である」と最高裁は高らかに宣言した。この判決の法的意義を簡単に説明しておこう。

プレッシー判決の「分離すれども平等」の法理を打破するために、あなたならどんな戦法をとるだろうか。まず、「分離」された「平等」な施設・サービスを提供すると、経済的に採算が合わないものを重点的に争ってみたらどうだろうか。

たとえば、「分離すれども平等」の法理からすれば、鉄道会社は食堂車や寝台車も黒人と白人の両方に対して同等なものを用意する必要がある。しかし、黒人の利用率は低いので、会社としては採算がとれないから、こんなことはしたくない。とはいえ、この場合、「ほとんどの黒人は食堂車や寝台車を利用しないから、白人用だけにした」という弁明は通用しない。一人でも食堂車を利用したい黒人がいれば、彼が利用できる食堂車を提供しない限り、「分離すれども平等」とはいえないからだ。連邦最高裁もいうとおり、「法の平等な保護」の対象はあくまでも個人である（マッケイブ判決、一九一四年）。

また、州立大学の医学部やロースクールが黒人を排除するためには、同等の設備を具備した黒人用の医学部やロースクールをつくる必要がある。しかし、「同等」とは単に物理的な設備に限定されるのだろうか。社会的評価やOBの影響力といった無形の要素も同等でなければ、やはり不平等なのではないか。連邦最高裁もそう考えた（スウェット判決、一九五〇年）。とはいえ、ここまで「同等」を厳しく要求されたら、州政府に残された方策は「黒白共学」の実施しかないだろう。

このように、黒人の地位向上を求める法律家たちは裁判闘争を通じて、「分離すれども平等」の法理を着々と掘り崩してきた。この地道な努力のことも覚えておきたいものだ。

しかし、公立学校や公衆トイレなどは、経済的にも、「分離すれども平等」の施設を提供しやすい。「無形の要素」もほとんど重要性を持たない。そのため、平等な設備等を実質的に追求することを通じて、「分離すれども平等」の法理を掘り崩すのは難しい。この法理自体を覆さない限り、公立学校等における人種分離を廃止に追い込むことはできない。

だからこそ、公立学校における人種分離政策を違憲無効とすることの意義は決定的である。もし公立学校における分離教育が違憲と判示されれば、社会生活のほぼすべての領域において、人種分離政策はその正当性を失うことになるからだ。アメリカ憲法史におけるブラウン判決の画期的意義は、まさにこの点にある。

独立宣言からは約一八〇年、再建修正からも約九〇年を経て、やっと人種分離政策が憲法違反とされた。ヴォネガットが「アメリカの自由の妊娠期間が二〇〇年」というのは、以上のような歴史的経緯をふまえている。

## †中曽根康弘の『憲法改正の歌』

では、「押しつけ憲法論」にお付き合いしながら、日本における「自由の受胎」の瞬間をみてみることにしよう。

衆議院憲法調査会報告書（二〇〇五年四月）には、「日本国憲法は、明らかに、占領国側が我が国を二度と再び立ち上がらないよう、そして、でき得るならば、未来永劫友好的な属国として位置付けようとの目的で押しつけてきたものである」との意見が掲載されている。私がこの意見を読んで思い出したのが、中曽根康弘作詞の『憲法改正の歌』（一九五六年）である。四番の「原子時代におくれざる」という一節などは時代性を感じさせて、いとおかしいが、ここでは一番と二番だけ紹介しよう。

一、嗚呼《ああ》戦に打ち破れ　敵の軍隊進駐す
平和民主の名の下に　占領憲法強制し
祖国の解体計りたり　時は終戦六ヶ月

二、占領軍は命令す　若《も》しこの憲法用いずば
天皇の地位請合《うけあ》わず　涙をのんで国民は
国の前途を憂いつつ　マック憲法迎えたり

「押しつけ憲法論」は半世紀の間、その論理が変わっていないことがわかる。これを志操の固さとみるか、頭の固さとみるかは、論者の立場によって違ってくるだろう。ともあれ、「押しつけ憲法論」がその「根拠」とする日本国憲法制定の経緯を、必要な範囲で振り返

っておこう。

明治憲法に最小限の修正をしただけの憲法問題調査委員会（松本委員会）の改憲案が毎日新聞にスクープされると（一九四六年二月一日）、その保守的な内容に失望したGHQは、明治憲法の改正を日本政府のイニシアティヴで行うという当初の基本方針を変更し、二月四日から極秘裏に民政局で草案の作成に着手した。このマッカーサー草案が日本政府に手渡されたのは二月一三日である。『憲法改正の歌』二番の歌詞もそうだが、「押しつけ憲法論」を語る者が恨みがましく引用するのは、この草案を手交する際のホイットニー民政局長官の発言である。

最高司令官は、天皇を戦犯として取調べるべきだという他国からの圧力、この圧力は次第に強くなりつつありますが、このような圧力から天皇を守ろうという決意を固く保持しています。……しかしみなさん、最高司令官といえども、万能ではありません。けれども最高司令官は、この新しい憲法の諸規定が受け容れられるならば、実際問題としては、天皇は安泰になると考えています（［44］三二七）。

このホイットニーの言葉が、当時の客観的な政治状況（極東委員会の活動開始と東京裁判の被告選定）をふまえた「警告」なのか、それとも、草案を「押しつける」ための「脅迫」なのか議論されてきた。たとえば、改憲派の憲法学者として著名な西修は、「このような雰囲気から、松本大臣には、憲法と天皇の身体との引き換えと映ったようである。日本側とすれば、ともあれ、総司令部案に象徴としての天皇がのこっているだけで、満足しなければならなかった」と述べている（［50］四一）。

憲法研究者にとっては周知のことだが、象徴天皇制を定める憲法一条と非武装平和主義を定める憲法九条は、「抱き合わせ販売」のような関係にある。外国軍による「直接統治」を避けて、GHQが天皇政府を介した「間接統治」を行うためには、昭和天皇の戦争責任を免除し、平和的で民主的な新憲法にさっさと昭和天皇を組み込んでしまうのが便宜である。マッカーサーらのGHQ側が憲法制定を急いだ最大の理由がこの問題だった。一九四六年の日本国民は戦後のどさくさの中、昭和天皇を免責するためにマッカーサーと結託した日本の支配層によって、象徴天皇制を「押しつけ」られたという言い方もできるだろう。

古関彰一の評価によれば、後に「押しつけ」を難ずる政治勢力は卑屈なまでにGHQの意向をうかがい、後に「押しつけ」はなかったと主張する政治勢力はGHQの意向を気にせず、自主憲法をつくろうと努力した。たとえば、日本国憲法が国会を通過した直後、GHQの憲法起草に携わった人びとに、吉田茂首相から菊の紋章のついた銀杯が贈られたという（［32］一二三―四）。「押しつけ」られた当の政府は「押しつけ」に感謝しているわけだ。このエピソードを聞いた後でもなお、「押しつけは暴挙です」と主張するのは、ちょっと恥ずかしい気はしないだろうか。本郷君、どう思いますか？

### †高見順の『敗戦日記』

ところで、私は、ホイットニーの発言に「脅迫」があったとすれば、それは先に引用した発言に続く部分にあったと考える。彼はこう述べていた。

最高司令官は、この案に示された諸原則を国民に示すべきであると確信しております。最高司令官は、できればあなた方がそうすることを望んでいますが、もしあなた方がそうされなければ、自分でそれを行うつもりでおります（［44］三二九）。

日本政府がマッカーサー草案を不承不承受け入れた結果、GHQ名義で憲法草案を国民に提示するかたちにはならなかった。歴史に「もしも」は禁句だが、それでも、つい想像したくなる。もしも、日本政府が毅然《きぜん》とGHQ側の要求を拒絶して、GHQ自らが憲法草案を国民に提示していれば、日本国民の多くがそれを熱烈に支持したのではないだろうか。

そうすれば、「日本国憲法は押しつけか?」なんて議論をうだうだする必要もなかっただろう。『憲法改正の歌』の中で「涙をのんで国民は……マック憲法迎えたり」と歌う中曽根自身は、もしかしたら本当に「涙をのんだ」のかもしれない。しかし、ほとんどの日本国民が「涙をのんだ」という想定は不合理だし、事実無根である。

たとえば、一九四六年一二月一日に帝国議会内に組織された「憲法普及会」が朝日新聞と共催した懸賞論文には、全国から一〇三八編の応募があったという。この事実に触れつつ、古関彰一は、「……数千の一般市民が、戦争の傷もいまだ癒えず、書く紙とて不足する時代に、生まれ出る憲法を主題として論文を書こうと机にむかったのである。日本近代一〇〇年の歴史のなかで、自由民権期を除いて、このような経験をした時代が、日本人にあっただろうか」と述べている(〔30〕三三六―七)。

憲法草案「押しつけ」の数カ月前(一九四五年九月三〇日)、作家の高見順は日記にこう記した。

> 昨日の新聞が発禁になったが、マッカーサー司令部がその発禁に対して解除命令を出した。そうして新聞並びに言論の自由に対する新措置の指令を下した。
> これでもう何でも自由に書けるのである! これでもう何でも自由に出版できるの

である！

生まれて初めての自由！

自国の政府により当然国民に与えられるべきであった自由が与えられずに、自国を占領した他国の軍隊によって初めて自由が与えられるとは、――かえりみて羞恥《しゅうち》の感なきを得ない。日本を愛する者として、日本のために恥ずかしい。戦に負け、占領軍が入ってきたので、自由が束縛されたというのなら分かるが、逆に自由を保障されたのである。なんという恥ずかしいことだろう。自国の政府が自国民の自由を、――ほとんどあらゆる自由を剝奪していて、そうして占領軍の通達があるまで、その剝奪を解こうとしなかったとは、なんという恥ずかしいことだろう（[43] 三六六―七）。


アメリカの再建修正の「押しつけ」に激怒する人種差別主義者は少なくない。彼らの信条が否定され、特権が失われたのだから当然である。映画『ワイルド・ワイルド・ウエスト』の敵役、ラブレス博士もその一人だといえよう。しかし、南部の黒人も再建修正に「涙をのんだ」と考えるなら、それはどうかしている。同じように、ほとんどの日本国民が日本国憲法の制定を「涙をのんで」甘受したという想定は不合理であるし、歴史的には完全な誤りである。

## †ホームズ判事の警句

ところで、自由の問題を考える際、いつも私の脳裏に浮かぶのは、オリバー・ウェンデル・ホームズ判事がエイブラムズ判決（一九一九年）の少数意見の中で発した警句である。

一九一七年六月に成立したスパイ防止法により、第一次大戦中のアメリカでは反戦言論が厳しく処罰されていた。ユダヤ系ロシア移民のエイブラムズらが、ソ連に派兵した大統領を非難攻撃し、資本主義的な合衆国を呪って、軍事工場の労働者にストライキを呼びかける文書（英語とイディッシュ語）を出版配布したところ、スパイ防止法違反を理由に起訴された事件が連邦最高裁に上告されてきた。

連邦最高裁は当然のごとく、エイブラムズらを有罪とする原判決を支持した。この法廷意見を読む意味は――アメリカ憲法史の専門家を別とすれば――現在ではほとんどない。エイブラムズ判決の歴史的意義は、被告人の無罪を論じたホームズ判事の少数意見にある。ホームズは、政府が表現の自由を制約できるのは、害悪発生の「明白かつ現在の危険」がある場合に限られるとしたうえで、本件はそのような場合に該当しないと論じた。憲法の教科書類を読めば、必ず説明のある「明白かつ現在の危険」の基準がこれである。

しかし、私が注目したいのは、「意見の表明を抑圧するのは、実に論理的（logical）なことだと私は思う」というホームズの警句のほうである。権力者が聞きたくない言論を抑圧するのは、人間の本性からして当然である。だからこそ、民主政の維持にとって必要不可欠な意見の多様性を確保するために、人びとはさまざまな制度的工夫を行い、法理論をつくってきた。憲法をつくるという営みは、欲望や感性のままに生きたい人間からみれば、不自然で人工的な営みなのである。ホームズの警句はこのことを教えてくれる。

「立憲主義は自然な考え方ではない。それは人間の本性にもとづいてはいない。いつも、それを維持する不自然で人為的な努力をつづけなければ、もろくも崩れる」(［54］一八〇)と長谷部恭男は述べているが、私も同感である。ホームズもたぶん賛成するだろう。

独立宣言において人間の自然的な平等を「自明の真理」と宣言したアメリカは、その理想にふさわしい現実を産み出すのに、二〇〇年間の「妊娠期間」を必要とした。「9・11事件」以後のアメリカをみると、ヴォネガットが聴いた「たくましい産声」は、もしかしたら幻聴だったのかもしれないと少し不安になる。けれども、アメリカは「自由への長く曲がりくねった道」を——しばしば後退しながらも——歩んできた。高見順の感激(そして羞恥)を心に秘めながら、私たちも同じように「長く曲がりくねった道」を歩いてみないかと私が誘ったら、「先生は夢想家ですよ」と君たちはいうのだろうか。

## †立憲主義とは何か

ここで、「立憲主義」について説明しておきたい。「立憲主義」は、「民主主義」や「平和主義」とくらべるとなじみの薄い言葉だが、現代の憲法問題を考えるうえでは、最重要の概念とさえいえる。

西欧政治思想における「立憲主義」は多義的で複雑な概念である(〔01〕一八一―九〇)。しかし、現代憲法学が「立憲主義」を論ずる場合、グローバルなレベルで、そこには一定の共通理解がある。それは、「民衆の支配＝多数者支配」としての「民主主義」によって正当化される政治権力さえも、法的・制度的に制限されねばならないという考え方である。

ヒトラーの率いるナチスが権力を掌握したのは、あくまでも選挙を通じた民主的な選択の結果である。スターリンや毛沢東も、「人民」の名において「人民の敵」を粛清・迫害した。人類は、「民主」の名によって最低限の「人間の尊厳」さえも踏みにじる政治権力をいやというほど目撃してきた。

自国民を大量虐殺したカンボジアのポル・ポト政権を例に挙げてもいいし、たとえ命までは奪われなかったとしても、親友さえも共産主義者として政府に「売る」ことを強要したアメリカの赤狩り(マッカーシズム)を例に挙げてもいいだろう(とはいえ、戦後日本に新鮮な知的影響を与えたカナダの外交官、E・H・ノーマンのように自殺に追い込まれた人もいる。丸山眞男の悲痛な追悼文は一読に値する。[66] 五七―六七)。

この立憲主義という考え方を制度化したものが、違憲審査制や憲法裁判所である。制度設計や訴訟手続に差異はあるが(日本はアメリカ型の違憲審査制を採用している。EU諸国は憲法裁判所を採用している国が多い)、いずれも、選挙で選ばれた議員からなる議会が多数決で定めた(その意味ではすこぶる民主的な)法律さえも、憲法に違反する場合には裁判所が違憲無効とする制度である。

これらの制度はナチスの経験をふまえて、第二次大戦後の西欧諸国にまず広がり、一九八九年以降、社会主義体制の崩壊を受けて、旧東欧諸国にも広がった。「男を女にし、女を男にすること以外は何でもできる」と国会の全能性(国会主権)を豪語してきたイギリスにおいてさえ、個人の基本的人権を侵害する法律の効力を失わせるシステムが導入された(一九九八年人権法)。このような状況の中、欧米の憲法学者の中には、「グローバル立憲主義の出現」を語る者まで出現している。

要するに、立憲主義とは、多数決によっては覆せないルール(=憲法)をあらかじめ用意しておいて、多数決によって運用される通常の政治の「逸脱・暴走」を抑止しようとするプロジェクトである。よって、憲法条文の恣意《しい》的な解釈によって、憲法違反の政治を正当化するような態度は、立憲主義をないがしろにするものだといえる（↓六六頁）。

このように説明すると、立憲主義と民主主義を単純な敵対関係と理解して、「国民主権を軽視する議論なんか大嫌いだ！」という人もいるだろう（桜山君もそうかな？）。ついこう絶叫してしまった人（小泉君もそうかな？）にはまず現代史を勉強していただき、「民主主義の暴走」に関する常識的な知見を得てほしい。とはいえ、私の考えでは、立憲主義と民主主義は単純な敵対関係にあるわけではない。「まともな民主主義」を機能させるためにも、立憲主義の思想とそれを具体化する制度は不可欠である。この点に関しては、第4章で説明しよう。

# 第2章 改憲論議はタブーだったのか──戦後改憲論の系譜

## †改憲論議をタブーにするな?

伏見君は「改憲論議をタブーにするな」と言い張っている（↓二二一頁）。彼のような議論をする人は案外と多い。

たとえば、小沢一郎は両院憲法調査会の設置が決まり、改憲論議の高揚が期待されていた時期のある論稿において、「日本では長い間、憲法改正を論じることさえも憚《はばか》られていた……」、「私は……改めて戦後の日本のタブーに異議を申し立てる決意を固めている」などと論じていた（［81］二五八―六〇）。また、読売新聞が最初の改憲試案を載せた『This is 読売』一九九四年一二月号の巻頭言も、「政界、マスコミ界を通じて『違憲だ』と言えば、万事思考停止になってしまうという憲法タブー社会が半世紀も続いてきた。もはや時代錯誤的なタブーに挑戦し、繁栄の孤島に安住する知的怠惰を克服すべき時に来ていると思う」と述べていた。

とはいえ、これだけ多くの人びとが「改憲論議をタブーにするな」と自由闊達《かったつ》に論じることができる社会において、それにもかかわらず、改憲論議が「タブー」にされているとは、どういうことなのか。ちょっと理解に苦しむ。

明治憲法下の一九三四年、商工大臣の中島久万吉《くまきち》が一〇年以上前に書いた文章において、足利尊氏を「高貴な品性の持主」などと褒めていたことが明るみになって、「逆賊を賛美するとはなにごとだ」と貴族院・衆議院での激しい非難を浴びたため、結局、病気を理由にして辞職した事件がある。当時の帝国議会において、「尊氏の評価をタブーにするな」と自由闊達に論じることはできなかった。この事態をみて、「政治にタブーはいけない」と論ずる人には、私も共感するのだが。

## †本当にタブーだったのか?

『広辞苑』の説明によれば、「タブー」とは、「超自然的な危険な力をもつ事物に対して、社会的に厳しく禁止される特定の行為。触れたり口に出したりしてはならないとされる物・事柄。禁忌《きんき》」のことである。また、『日本国語大辞典』では「(比喩的に) 社会や特定の集団の中で、法的に禁止されているわけではないが、それに言及したり、それを行なったりするのは良くない、そうすると悪い結果になると見なされていることがら」というように、もう少し広い意味での用法も紹介されている。

とはいえ、五七頁の年表をみれば一目瞭然のとおり、高揚期と停滞期があったにせよ、戦後日本には改憲策動がずっと存在してきた。よって、「戦後政治において改憲論議がタブーだった」という主張は完全な誤りである。こんな発言をする者はたぶん、戦後政治史に関する知識がないか、そもそも「タブー」という言葉の意味を知らないのだろう。

では、「六〇年もの間、憲法の文言が一字一句変わらないのは、国民が憲法改正をタブー視しているからだ」という主張はどうだろうか。これはもっともらしく聞こえるところもあるが、実はまったくの誤りである。卑近な例で説明してみよう。

⑴愛煙家のA夫が嫌煙家のB子に恋をし、喫煙の習慣がないと偽って彼女と結婚したとしよう。A夫がB子の実家に同居しており、B子の両親はアクティブな嫌煙活動家（なんだそれ？）だとしよう。会社の昼休みに同僚と一服しながらA夫は、「わが家は喫煙がタブーでさぁ。たまんねーよ」といった。

⑵車好きのC夫は三年ごとに車を買い替えたいと思っているが、倹約家の妻D子は一戸

建てを買うために浪費を許さないとしよう。C夫は給料日やボーナスが支給された日には必ず、「ねぇ、そろそろ車を買い替えようよ」とD子に相談し、自分の誕生日やクリスマスのときには、「車買い替えようよぉ」と哀願さえするが、D子はいっこうに首を縦に振らない。いつの間にか、C夫は一〇年間、現在の車に乗っている。C夫も同僚に対して、「わが家は新車買うのがタブーでさぁ。たまんねーよ」といった。

(1)のケースにおいて、A夫は「タブー」という言葉を正しく使っている。他方、(2)のケースでは、C夫の同僚は違和感を持つのではないか。なぜなら、新車購入の問題は、C夫とD子の間で何度も話題になっていながら、二人の力関係ゆえに、まだ新車が買えないでいる、という事態だからである。普通、こういう事態を「タブー」とはいわない。

年表を眺めた人はただちに納得してくれると思うが、戦後日本の改憲論議は明らかに、(2)のケースのほうに近い。よって、六〇年もの間、憲法の文言が一字一句変わらないことを理由にして、「改憲論議がタブーであった」と論ずる人に対しては、違和感を持つのが正常な言語感覚である。そういうわけなので、池下君。黒板に書いてある「改憲論議をタブーにすべきでない」という伏見君の意見は消しておいてください。

とはいえ、以上の説明と年表だけでは、伏見君は納得しないかもしれない。そこで、以下では、戦後日本の改憲論の系譜を概観しておくことにしよう。ただし、その前に、憲法九条に関する基礎知識を提供しておきたい。現代の改憲論議を理解するうえでも、役に立つ知識のはずである。

## †憲法九条論の基礎知識

憲法九条は一項で、①「国権の発動たる戦争と、武力による威嚇又は武力の行使」を「国際紛争を解決する手段としては」永久に放棄し、二項では、②「前項の目的を達するため」（二五五頁以下で論ずるが、この部分を「芦田修正」という）に③「陸海空軍その他の戦力」の不保持と④「国の交戦権」の否認を定めている。

①を素直に読めば、戦争や武力行使を前提にする自衛隊や日米安保条約は一項にただちに違反するように思われる（一項全面放棄説）。仮に②を重視して、一項が禁止するのは侵略戦争のみで自衛戦争は禁止されないと解釈しても、③で一切の戦力の不保持が定められている以上、やはり自衛隊・安保条約は違憲というほかない（二項全面放棄説）。憲法研究者の圧倒的多数が自衛隊・安保条約を違憲と解釈してきたのは、九条のテクストからして当然であった。このように、自衛隊・安保条約を違憲と解する通説的理解を便宜上、「絶対平和主義」と呼ぶことにしたい。

| 年 | 主な改憲論議と関連事件 |
| --- | --- |
| 1947 | 日本国憲法施行（５月） |
| 1950 | 朝鮮戦争勃発（６月） |
| | 警察予備隊の設置（８月） |
| 1952 | 対日講和条約・安保条約発効（４月） |
| | 保安隊の発足（10月） |
| 1954 | 自由党と改進党が党憲法調査会を設置（３、４月） |
| | 自衛隊法・防衛庁設置法施行（７月） |
| | 自由党調査会「日本国憲法改正案要綱」公表（11月） |
| 1955 | 社会党統一大会（10月） |
| | 自由党・民主党合同（11月） |
| | 自由民主党憲法調査会発足（12月） |
| 1956 | 自民党調査会「憲法改正の問題点」公表（４月） |
| 1957 | 政府憲法調査会活動開始（８月） |
| 1960 | 安保闘争（５月に衆議院で強行採決） |
| 1964 | 政府憲法調査会最終報告書（７月） |
| 1980 | 奥野法相の改憲発言（８月） |
| | 自民党憲法調査会の活動再開（10月） |
| 1982 | 中曽根内閣の発足（11月） |
| 1986 | 防衛費ＧＮＰ１％枠突破（12月） |
| 1991 | 湾岸戦争勃発（１月） |
| | ペルシャ湾への掃海艇派遣（４月） |
| 1992 | ＰＫＯ等協力法成立（６月） |
| 1993 | 政党・マスコミ等で明文改憲論が台頭 |
| 1994 | 政治改革関連法成立（３月） |
| | 社会党が自衛隊合憲・安保堅持へ政策転換（９月） |
| | 読売新聞社が憲法改正試案を発表（11月） |
| 1999 | 周辺事態法成立（５月） |
| 2000 | 両議院の憲法調査会発足（１月） |
| 2001 | ９・11事件勃発（９月） |
| | テロ対策特別措置法成立（10月） |
| 2002 | 有事関連三法案を閣議決定、国会に提出（４月） |
| 2003 | 有事関連三法が成立（６月） |
| | イラク特別措置法成立（７月） |
| 2004 | 自衛隊のイラク派兵（１月） |
| | 読売新聞社2004年改憲試案を公表（５月） |
| | 自民・民主・公明の各党が改憲構想を公表（６月） |
| | 自民党「憲法改正草案大綱」を公表・撤回（11月） |
| 2005 | 衆参憲法調査会最終報告書（４月） |
| | 自民党「新憲法草案」の公表（11月） |

思想史的にみれば、九条の前提には「戦争違法化」への国際的潮流があった。第一次世界大戦の惨状をふまえ、一九一九年の国際連盟規約、一九二八年の不戦条約と「戦争違法化」は着実に進展し、第二次世界大戦後の国際連合憲章は加盟国の個別的な武力行使を原則として禁止した（二条四項）。

なお、「戦争違法化」の流れが現れる前の国際社会について、ぜひ山室信一『日露戦争の世紀』（[74]）を読んでほしい。列強が自国の権益のために当然のごとく武力で他国を威嚇し、あれこれと難癖をつけて戦争を仕掛け、さらには植民地化することさえ可能だった国際社会の状況が、とてもわかりやすく説明されている。

もし国際社会が現在もこのような段階にあったとすれば、ブッシュ大統領も、イラクを侵略するにあたって、「大量破壊兵器」なんて嘘をつく必要もなかっただろうに（「イラクの石油がほしい！」で十分）。千種君のように「攻められたらどうするのか」と改憲派の人びとはよくいうが（→二〇頁）、彼らが前提にする国際社会のイメージが、日露戦争の時代のそれのほうに近くはないのか、ぜひ注意深く検討してほしい。

さて、このように九条は国際的な「戦争違法化論」を継承するものだが、国連憲章（一九四五年六月署名）と日本国憲法（一九四六年一一月制定）の間には原爆投下（一九四五年八月）という人類史の分水嶺《ぶんすいれい》が横たわっている。国連憲章は限定的にせよ加盟国の自衛権にもとづく武力行使を容認するが（五一条）、日本国憲法は一切の武力行使を禁止している。この武力行使に対する国連憲章と日本国憲法のスタンスの差異は、核兵器の出現にその根拠を求めることができるだろう。

　しかし、より重要なのは次の点である。日独伊のファシズムから「民主主義を守る」ために戦った連合国を母体とする国際連合が、「正義の戦争」の可能性を否定していないとしても、それを理解できないわけではない。他方、「正義の戦争＝八紘《はっこう》一宇《いちう》」の名の下に無謀な侵略戦争を行った日本には、「正義の戦争」に対する徹底的な懐疑があって当然である。よって、武力行使に関しては、国連憲章と日本国憲法の間には法思想的な断絶があるとみるべきだから、憲法前文などに示される「国際協調主義」を強調して、「国連中心主義」という美名の下に自衛隊の海外派兵を正当化する議論は妥当でない。

　ところで、九条制定の背景には、侵略戦争を行った敗戦国の武装解除という「現実」がある。一九四六年二月の時点では、非武装主義の九条こそ「現実」の反映であり、再武装の可能性は想定上の問題でしかなかった。また、昭和天皇の戦争責任を免除して「間接統治」を行うには、平和的で民主的な新憲法にさっさと昭和天皇を組み込んでしまうのが便宜だという「現実」もある。マッカーサーを中心にしたＧＨＱが日本国憲法制定を急いだ最大の理由がこの問題だったことは、第１章で論じた（↓四三頁）。

## †九条解釈の「原点」と再軍備

以上のような憲法九条の「テクスト・思想・現実」をふまえつつも、君たちは自衛隊と安保条約を正当化したいとする。ならば、どんな正当化をするだろうか。大日本帝国の「皇軍」が解体し、国際条約にもとづく占領軍として米軍が駐留する憲法制定直後には、自衛隊・安保条約を正当化する必要はない。君たちは九条のテクストと思想を賞賛すればいい。そのほうが昭和天皇の地位も安泰になるわけだし。

衆議院帝国憲法改正委員会（一九四六年六月二八日）における、共産党の野坂参三議員の質問に対する吉田茂首相の答弁がその典型である。侵略戦争と自衛戦争を区別し、前者のみを放棄したと定める条項のほうが妥当ではないかとの野坂の質問に対して、吉田は、九条は自衛権を否定しないが、九条二項が一切の軍備と国の交戦権を認めない結果、自衛戦争も放棄したと答えたうえで、「従来近年の戦争は多く自衛権の名に於《お》いて戦われたのであります。満州事変然《しか》り、大東亜戦争亦然《また》りであります」と述べた。

吉田はこの答弁からわずか一〇カ月後の一九四七年四月、外務官僚（朝海浩一郎《あさかいこういちろう》）を介して一〇万人陸軍構想をＧＨＱ側に持ちかけているのだから（[31] 四一—四）、この答弁が吉田の本心だったかどうかはすこぶる疑問である。しかし、九条に関する政府見解が、

「絶対平和主義的解釈」から始まったことの意味は決して小さくない。政府見解がこの地点から始まったからこそ、戦後政治において九条は、政府が軍事的選択をする際の抑止力として機能したのである。一九四六年六月の時点で吉田が野坂の立場をとっていれば、自衛「隊」は自衛「軍」として創設することも可能だっただろう。「隊」と「軍」の差異なんて、単なる言葉の違いじゃないか。君たちはそう思うかもしれないが、それは誤りである。「隊」と「軍」の違いの重大性については第3章で説明しよう（→七九頁）。

さて、冷戦の進展にともない、アメリカは日本を自国の極東軍事戦略に位置づけたうえで、日本の独立（対日講和）を認める方針をとった。すなわち、ソ連や中立国を除外した片面講和、独立後の米軍駐留の継続（安保条約の締結）、日本の再軍備である。日本政府はこれに呼応し、朝鮮戦争にともなって警察予備隊を設置する一方（一九五〇年八月）、片面講和で国際社会に復帰し（サンフランシスコ講和条約。一九五一年九月八日調印、翌年の四月二八日発効）、また、同時に日米安保条約（旧安保条約）を締結して米軍駐留の継続を認めた（講和条約と同日に発効）。

君たちなら、この事態の進行をどう正当化するだろうか。①警察予備隊は「軍隊ではない」と論じて正当化しよう。②安保条約にもとづく米軍駐留に関しては、九条が禁止する「戦力」は、日本が指揮管理権を持つ戦力であり、外国軍はここでいう「戦力」には該当しないと説明しよう。すこぶる安易な議論ではある。しかし、政府は①の論法をとったし（一九五〇年七月三〇日、参議院本会議における吉田茂首相の答弁）、最高裁判所は砂川《すながわ》事件上告審判決（一九五九年）において、堂々と②の論理を展開した。

## †五〇年代改憲論と平和運動

一九五二年一〇月の保安隊発足、一九五四年三月の日米相互防衛援助協定（MSA協定）締結、そして一九五四年六・七月の防衛庁設置・自衛隊発足へと日本の再軍備は進展し、憲法九条との矛盾は深まった。このように軍隊としての内実を持ち始めた自衛隊をいかに正当化するか。

改憲派はこう考えた。講和条約によって日本は「独立」したのだから、改憲が可能となった。これは最もすっきりした解決方法だ。その際には「押しつけ憲法論」を駆使し、「自主憲法制定」で国民の「愛国心」に訴えることにしよう。たとえば自由党の「日本国憲法が全面改正を要する理由」（一九五四年一一月）は、憲法制定時期が外国軍の占領下という異常事態で、国民の自由な意思を反映しておらず、政府も天皇の一身上の安全のために受諾を強制されたと主張した。第1章で紹介した、中曽根康弘『憲法改正の歌』もこの時期のものである（↓四一頁）。

一九五四年一二月に改憲積極派の鳩山一郎が内閣を組織し、保守系政党の改憲気運が高まると、左右に分裂していた社会党は護憲勢力結集のために統一した（一九五五年一〇月）。他方、自由党と民主党も統一して自由民主党を結成し（一九五五年一一月）、ここに「五五年体制」が成立した。保守合同後の第三次鳩山内閣発足にあたって改憲を公約に掲げた鳩山は、改憲の発議に必要な総議員の三分の二の議席（憲法九六条一項を参照）を確保するために小選挙区制の導入を図るが、これに失敗する（一九五六年五月）。他方、「護憲」を旗印にした社会党は、一九五五年二月の衆議院総選挙、一九五六年七月の参議院通常選挙で改憲阻止に必要な三分の一議席を獲得した。そのため、五〇年代改憲は頓挫《とんざ》した。

五〇年代改憲は復古主義的色彩の強いものだったが、この復古的改憲を止めたのは、基地拡張反対闘争や原水爆禁止運動のような国民的平和運動の高揚であった（詳細は、［79］第3章を参照）。平和運動はこの時期に広範な民衆的基盤を獲得していく。世論調査において再軍備のための改憲に反対する回答が増加し始めたのも（表1を参照）、社会党の議席が増加したのも（表2を参照）、まさにこの時期である。よって、五〇年代改憲論議の憲法史的意義は、国民の平和運動の高揚によって、「押しつけ憲法論」に依拠した復古的改憲論を挫折させた点にあったといえよう。

表1　憲法9条改正の賛否

| | 賛成 | 反対 |
|---|---|---|
| 朝日1952年2月 | 31% | 32% |
| 毎日1952年3月 | 43% | 27% |
| 読売1952年4月 | 48% | 39% |
| 朝日1953年1月 | 31% | 42% |
| 朝日1955年11月 | 37% | 42% |
| 朝日1957年11月 | 32% | 52% |
| 朝日1962年8月 | 26% | 61% |
| 朝日1968年12月 | 19% | 64% |

和田進「経済大国化と国民意識の変貌」139，143頁より

表2　社会党の議席

| 衆議院総選挙 | 議席数 |
|---|---|
| 1952年10月 | 111 |
| 1953年4月 | 138 |
| 1955年2月 | 156 |
| 1958年5月 | 166 |
| 参議院通常選挙 | 議席数 |
| 1953年4月 | 28 |
| 1956年7月 | 49 |
| 1959年6月 | 38 |

(1955年10月以前の数字は左派社会党と右派社会党の議席を合計したもの)

## †六〇年安保闘争と改憲論の停滞

一九五七年八月に英米法学者・高柳賢三を会長として活動を開始した政府憲法調査会(内閣の下に設置。社会党などは不参加)は、一九六四年七月に最終報告書を出した。改憲派の思惑は、憲法調査会で「改憲が必要」という報告書を出し、それをバネにして一気に改憲を実現することにあった。もちろん、改憲のポイントは九条である。

ところが、調査会での調査・審議が進むにつれて改憲論議は拡散し、高柳会長のように

「九条は政治的マニフェストにすぎない」という立場（九条に法的拘束力はないので、自衛隊の違憲性は問題にならないと考える議論）から九条改定不要論を主張する者まで現れた。最終報告書は結局、改憲の可否に関する調査会の統一見解を示すものにはならなかった。「押しつけ憲法論」についても、委員間の意見対立を反映して、「制憲過程は複雑であり、日本国憲法が強制されたものか否かについても事情はけっして単純ではない」というあいまいな評価に終わった。改憲派の期待に反して、七年にもおよぶ政府憲法調査会の活動は、改憲を後押しする結果にはならなかった。

ちなみに、衆議院憲法調査会の最終報告書（二〇〇五年四月）では、「日本国憲法の制定に対する一連のGHQの関与を『押しつけ』と捉えて問題視する意見もあったが、その点ばかりを強調すべきではないとする意見が多く述べられた」との総括がされており、改憲派の間でも「押しつけ憲法論」は落ち目にあることが読みとれる。

ところで、五七頁の年表をみると、政府憲法調査会最終報告書から七〇年代末まで、目立った改憲論がないことがわかる。たとえば、池田勇人《はやと》首相は、一九六三年の総選挙の際に「私の在任中は改憲をしない」と明言し、その後の歴代内閣も改憲に消極的なスタンスをとった。この時期、改憲論の人気は明らかに凋落《ちょうらく》した。なぜだろうか。表面的な理由は、政府が「解釈改憲」を採用したことにある。

解釈改憲とは、憲法の文言を変更することなく、無理な憲法解釈をすることで違憲の事態を正当化することをいう。具体的には、政府は九条の文言には何ら手を加えずに、「自衛のための最小限度の実力組織の保持は合憲」との政府解釈を駆使して、自衛隊の増強や安保条約の軍事同盟的性格の強化といった明白な九条違反を正当化したのであった。

立憲主義の観点からして、このような解釈改憲を許容しえないのは当然だ（↓五〇頁）。しかし、ここで問題にしたいのは別の点である。すなわち、解釈改憲は政府が自発的に採用したのではなく、国民の平和意識・憲法感覚の一定の定着と平和運動の高揚を前にして、政府が余儀なく採用したという論点である。

この点で重要な事件が六〇年安保闘争である。安保改定反対運動の国民的高揚に危機感を抱いた岸信介《のぶすけ》首相は、一九六〇年五月一九日深夜、警官隊を動員して社会党議員を排除したのち、衆議院本会議において自民党単独で新安保条約承認を強行採決した。議会主義を踏みにじってでも安保改定を実現しようとする岸内閣の態度に国民の怒りが爆発し、安保反対運動は画期的な高揚を示した（参議院で自然承認される六月一九日、三三万人が国会議事堂を囲んだ）。

この安保闘争の「苦い経験」をふまえて、日本の政治は転換する。池田首相は改憲への消極的スタンスを示す一方、「所得倍増計画」に象徴される経済成長中心の（非軍事的・非国家主義的な）政治目標を設定し、野党との合意にもとづく国会運営（寛容と忍耐の政治）という政治手法を採用した。渡辺治はこの政治の転換によって、戦後日本に特有な「小国主義」が確立したと論ずる。「小国主義」とは、九条とそれを支持する政党や社会勢力との対抗において、戦後自民党政権が余儀なく採用してきた外交防衛政策を表す用語である。自衛隊の海外出動の禁止や、非核三原則、防衛費GNP一％枠、武器輸出禁止三原則などの政策がその例である（[83] 二八―三二）。

ともあれ、この時期における改憲論議の停滞の真の原因は、この政治の転換（いわゆる「戦後政治」の形成）に求めうる。六〇年安保闘争という平和運動・護憲運動の国民的高揚がなければ、改憲論は停滞せず、政府憲法調査会の最終報告書は改憲の必要性を提言するものとなっていたかもしれない。国民主権や非武装平和主義を定める日本国憲法がなければ、安保闘争はこれほどにまで高揚しなかっただろう。その安保闘争が政治の転換をもたらし、結果として改憲論議を停滞させる。戦後憲法史はこのようなダイナミズムにおいて理解されるべきである。

## †八〇年代における改憲論の復活

この「戦後政治」の国際的条件はアメリカの軍事的・経済的支配力（パクス・アメリカ

ーナ）にあった。しかし、アメリカの経済力が相対的に低下すると、アメリカは日本に応分の軍事負担を求めるようになる。いわゆる「安保ただ乗り」批判である。他方、日本企業が多国籍化し、政情不安な地域にも進出し始めると、自衛隊の海外出動が支配層の課題とされる。しかし、「自衛のための最小限度の実力」という政府解釈では、自衛隊の海外出動を正当化しがたい。そこで、八〇年代に改憲論が復活することになる。

　言うまでもなく、八〇年代改憲論の目的も九条改定にあった。しかし、八〇年代改憲論はまず「タブー打破」を旗印に行われた。奥野誠亮《せいすけ》法務大臣（当時）も江藤淳《じゅん》らの保守系知識人も、改憲論議がタブーとされてきたと論難した。そして、改憲タブー論と併せて主張されたのは、あいかわらずの「押しつけ憲法論」だった。

　一九八二年には改憲論者・中曽根康弘が首相になり「戦後政治の総決算」を掲げる。中曽根は靖国神社公式参拝や防衛費ＧＮＰ一％枠の突破など「戦後政治のコンセンサス」を破ることもしたが、憲法改正はおろか、自衛隊の海外出動さえ実現できなかった。

　なぜ八〇年代改憲は失敗したのか。渡辺治によれば、その理由は次の四点に求められる。①平和と現状維持を志向する国民意識、②戦後政治の構造（保守政治家の戦争体験、後援会政治を通じて選挙民の意識が政治に反映されること）、③「現実主義」化を拒否する社会党の存在、および④アジア諸国の反発と警戒である（[80]三四七―六〇）。要するに八〇年代改憲論は「戦後政治の抑止力」を乗り越えられなかったといえよう。

## †九〇年代の「国際貢献」論

この「戦後政治の抑止力」を解体する契機となったのが一九九一年の湾岸戦争だった。「ソ連脅威論」をテコにして拡大してきた自衛隊は、冷戦の終焉とともにその正当性が揺らいでいた。よって、自衛隊や国防族にとって、湾岸戦争は文字どおり「僥倖《ぎょうこう》」だった。国際法に違反して隣国を侵略したイラクを国際社会の総意を体現した「多国籍軍」が攻撃する、という構図だったからである。

湾岸戦争を「千載一遇《せんざいいちぐう》のチャンス」として、政府は自衛隊の海外派兵体制の整備に乗り出した。一九九一年四月に掃海艇をペルシャ湾に派遣した政府は、実態を無視してPKO活動の「非軍事性＝安全性」を強調しながら（PKOの「非軍事性」をあまりに強調した政府は、「そんなに安全な活動ならば、なぜ自衛隊を派遣するのか？」という問いに満足に答えられないほどだった）、一九九二年六月にPKO等協力法を成立させた。PKO等協力法によって自衛隊の海外派遣システムの構築が開始されたが、憲法九条との関係で、政府は苦しい説明に終始していた。たとえば、制定当初の同法は、「武器の使用」を個々の自衛官の「自然権的な正当防衛の権利」から説明しており、武器使用に関する現地指揮官の指揮権さえ法的には満足に説明できない代物だった（詳細は一三〇頁以下を参照）。

九〇年代、「国際貢献」の名の下に自衛隊の海外出動体制が整備され、また、政治改革論議の頃には「国際貢献」や「解釈上の疑義をなくす」という観点からの九条改定論が提唱された。九〇年代改憲のキーワードは「国際貢献」である。たとえば、一九九四年の読売改憲試案は、国民主権の規定を第一条に置いたり、大陸型憲法裁判所の設置を提言したりと、復古的・権威的な改憲論者以外の市民にも改憲の必要性を訴えようとするものだったが、やはりその主眼は「国際貢献」論に依拠する九条改定にあった。

ところが、読売九四年改憲試案は不発に終わる。景気対策や行政改革などもっと目先の政治課題が多数あったこともその一因であろう。しかし、一九九五年の沖縄少女暴行事件をきっかけにして国民の間に広がった安保条約に対する不信感を前にしながら、日米安保をグローバル規模の軍事同盟へと転換することを目論《もくろ》む「日米安保共同宣言」とそれにもとづく「新ガイドライン」実施のための法整備（周辺事態法の制定）を実現するためには、時間と手間がかかり、おまけに国民投票というハードルまである憲法改正ではなく、解釈改憲で済まそうという便宜的な判断が政府にあったからだと考えられる。

## †「国際貢献」の中身は「対米追随」

ところで、読売九四年改憲試案では、①「軍事紛争、自然災害、環境破壊、特定地域での経済的欠乏及び地域的な無秩序によって生じる人類の災禍」（一二条）を除去するために、②「確立された国際的機構の活動」に日本は自衛隊を提供するという規定（一三条）になっていた。そして、「今後、国連そのものが役割の増大にともなう機構改革や名称変更にまで発展する可能性も皆無ではないこと」などを理由にして、「国際連合」ではなく、「確立された国際的機構」という表現をしたと説明していた。国連が「そんなに期待されても困ります」とびっくりするほど、「国連中心主義」的な内容の改憲案である。

ところが、「9・11事件」以後のアメリカの単独行動主義に呼応して、読売新聞は露骨にスタンスを変更する。二〇〇四年改憲試案では、九四年試案の①に「国際テロリズム」が、②に「その他の国際の平和と安全の維持及び回復並びに人道的支援のための国際的な共同活動」という文言が追加された（なお、条文番号は一つずつずれて、一三条と一四条に変更された）。アメリカが「対テロ戦争」を呼号《こごう》する限り、国連決議とは無関係にアメリカへの軍事協力を可能にするための変更である。

注目されるのは、わざわざ「国連の限界」という項目を立てて、NATOのコソボ空爆（一九九九年）や米英主導のイラク戦争の例を引きながら、拒否権を持つ常任理事国の対立で国連安保理が機能しない場合がある以上、国連が動けなくても、国際平和協力活動に軍事的に貢献すべき場合があると論じている点だ（[76]九二―三）。

最上敏樹は、イラク戦争という「あの根拠薄弱な戦争を許容しないという態度表明ゆえに安保理は『無力』だとされるのなら、安保理が『有力』になるためには、米英等の国々の開戦欲求を無批判に許容し続けるほかなくなります」と述べているが、そのとおりである。最上はまた、イラク戦争のあと、「国連無力論」がとりわけ日本で増えたことを指摘するが、これにも同感である（[28]二六―九）。

「国際貢献」と「対米追随」をイコールで結ぶ改憲派が、それにもかかわらず、アメリカによる「憲法の押しつけ」を怨嗟《えんさ》するという逆説。実はこの逆説こそ、日本の改憲論議の特徴であり、私が「押しつけ憲法論」をまやかしにすぎないと判断する最大の理由でもある。ともあれ、改憲の是非を議論するのであれば、この「逆説＝ねじれ」にも相応の注意を払うべきだと考える。

### †「普通でない国家」への欲望

読売九四年改憲試案の末路が象徴するように、政治改革の時期に盛り上がった改憲論は再び沈静化する。けれども、政治改革の「成果」である小選挙区制の導入（五〇年代改憲はこれに失敗→六三頁）、そして社会党の「現実主義」化と凋落は、改憲実現の絶好のチャンスを提供した。このような状況下で改憲派が再びはりきり始めたのが、現在の政治状況といえる。二〇〇〇年一月に衆参両院の憲法調査会が活動を開始し、論壇でも改憲論議が再び活発になった。とはいえ、この時期の改憲論は、「改憲さえすれば、世の中がよくなる」式のまったく政治的思慮を欠いた議論も少なくなかった。

しかし、その後、改憲論議はしばし休止する。なぜなら、「9・11事件」という「千載一遇のチャンス」を利用して自衛隊の戦地への派遣を実現する一方、「テロ」への国民の恐怖が持続するうちに「防衛秘密」保護規定（自衛隊法九六条の二、一二二条）の導入や「有事」法制の整備をする必要がある以上、九条改定という手間をかけるわけにはいかなかったからだ。

現代の改憲動向の分析は第3章に譲るとして、ここでは、改憲にすこぶる熱心な読売新聞の過激な政治スタンスを露《あら》わにする記事を紹介しておこう。「9・11事件」への「報復」としてアメリカがアフガニスタンを空爆している真っ最中に、読売新聞は「国民の生命、財産を守ることは、国家の根幹的な責務だ。日本自身が国際テロの標的になれば、今回の米国と同様、個別的自衛権を発動していいはずだ」と論じた（二〇〇一年一〇月一四日）。「グローバル・スタンダード」とは決していえないアメリカ・イスラエル並みの「先制的自衛権」を日本も行使すべきと平気で論じる人びとが、九条改定の推進派でもある事実は、軽視してよい問題ではない。

日本は自国の利益のために他国を殴る「普通でない国家」（たとえば、ブッシュ政権下のアメリカ）になろうとしている。そして、そのような国家になりたいと欲望しているのが、改憲派なのである。これは確かに、「タブーへの挑戦」といえるのかもしれない。

第3章　現代の改憲動向を読む——なぜ明文改憲なのか

## †自衛隊の実力

今池さんは、「自衛隊が現実に存在する以上、それを憲法に明確に位置づけるための改憲ならば、賛成してもいい気がします」（一七頁）と述べている。確かに自衛隊は存在する。それも残念ながら、けっこう「立派な軍隊」として存在している。

山田朗《あきら》の推計によれば、軍事費に関していえば、二〇〇三年の平均為替レート（一ドル一一六円）を使ってランキングをすると、日本は世界で三位か四位の位置にあることがわかる（表3を参照）。地上戦力の規模（人員）に関していえば、陸上自衛隊（一四万七〇〇〇人）は中国（一七〇万人）やインド（一一〇万人）とくらべれば圧倒的に少ないが、イギリス（一二万人）、フランス（一四万人）、イタリア（一二万人）よりは多く、軍事費ランキ

表3　軍事費ランキング（単位：億ドル）

| 年度／順位 | 1 | 2 | 3 | 4 | 5 |
|---|---|---|---|---|---|
| 2000 | アメリカ 3223 | フランス 438 | 日本 417 | イギリス 409 | ドイツ 360 |
| 2001 | アメリカ 3249 | フランス 437 | 日本 422 | イギリス 418 | ドイツ 354 |
| 2002 | アメリカ 3648 | フランス 446 | イギリス 441 | 日本 426 | ドイツ 355 |
| 2003 | アメリカ 4144 | イギリス 511 | フランス 454 | 日本 427 | ドイツ 348 |
| 2004 | アメリカ 4553 | イギリス 474 | フランス 462 | 日本 424 | 中国 354 |

山田朗『護憲派のための軍事入門』36頁（一部省略）

ング上位一〇カ国において第六位に位置する。海上戦力を比較する際の目安となる艦艇の保有量（総トン数）に関しては、海上自衛隊は四三万八〇〇〇トンで、アメリカ（五四八万トン）、ロシア（二〇六万トン）、中国（九三万トン）、イギリス（七九万トン）に続いて、世界第五位の規模に達している。また、詳細は省くが、空軍力は世界第一二位とのことである（［72］三三一九）。

以上のとおり、憲法的拘束がなくなれば、自衛隊は強大な軍隊である。よって、改憲によって東北アジア地域にいきなり「フリーハンドの軍事大国」が出現した場合、地域の安定をかえって損ないはしないか（たとえば中国などの軍拡の理由にならないか）などの問題を考える必要がある。したがって、「自衛隊は国軍だ。改憲してこの事実を明確にしよう」とか、「非武装中立など無責任だ」

という発言ほど、無責任な発言はない（小泉純一郎首相の発言。朝日新聞二〇〇三年一一月三日朝刊）。

九条改定は「真空状態」で行われるのではない。さまざまな利害と思惑が錯綜する現実の国際社会を舞台にして行われるのだ。この当たり前の事実を軽視してはならない。今池さんのように、「現在の自衛隊を公認する改憲ならOKかも」と考えている人は、ぜひ自衛隊の実態を調べてから、主権者として責任ある判断をしてほしい。

## †「戸締り」は必要？

ところで、「戸締りをしないと泥棒が入るのと同じで、国家も軍備をしておくべき」と論ずる議論がある。これを「戸締り論」と呼ぶことにしよう。「軍隊を一切持たないのは非現実的だ」と批判する千種君も、似たような議論をしているといえる（↓一一〇頁）。しかし、九条改定の是非を議論する際には、「戸締り論」のように日本や国際社会の現実から乖離した抽象論から議論を始めるのではなく、日本の軍備の実態や国際社会の動向を踏まえた現実的な問題提起をしてほしいと思う。

NGO「ピースボート」の川崎哲はある座談会において、「メディアや政府が国民に安全保障問題を投げかけるときには、そうしたグローバルな文脈を消去して、『日本が攻められたらどうする』といった古典的な抽象論議にすり替えてしまうことが多い。有事法制のときの『備えあれば憂いなし』という標語は、その典型例です。政府の最大の眼目は『再編された米軍との共同運用』にあるのですから、その是非をこそ、いま問わなくてはならないのです。抽象的に『非武装は是か非か』と論争しても現実には絡めません」（[65] 九〇）と述べているが、私も同感である。

ある講演で加藤周一は、「わたしがイスラエル人ならば、たとえ公衆衛生の犠牲においても『専守防衛』の防衛というところに全力をあげたかもしれない」と述べている（[25] 四二）。周知のとおり、加藤は「九条の会」の呼びかけ人の一人である。ならば、この発言は、「加藤らしくない」発言なのだろうか。私はそうは思わない。私も、もし自分がイスラエル人ならば、絶対平和主義ではなく、軍隊を保持しつつ、「軍縮」と「外交」の必要性を訴えると思う。

しかし、問題は、日本で生きる私たちが、なぜイスラエルの人びとと同様に考えなければならないのか、という点にある。イスラエルのように自国の存在を認めないと公言する周辺国に囲まれている国と、日本のようにその存在の非合法性を理由にして侵攻してくる周辺国を想定しがたい国とでは、軍備の必要性に関する議論のあり方が異なっていて当然ではないか。加藤もいうとおり、すべての政治問題は確率の問題であり、事件の起こる確率が〇％ということもなければ、一〇〇％ということもない。「戸締り論」のように、一般的・抽象的議論から、いきなり軍備の是非に関する選択を迫る論法は、政治論としてはあまりに馬鹿げている。

こう批判すると、千種君は論点を少しずらして、「まず自衛のための軍隊の存在を公認したうえで、軍縮の問題を議論すべき」と反論するかもしれない。自衛隊を憲法九条の拘束の下に置き続けることの意義は第8章で論ずるので、ここでは、「自衛隊」を「自衛軍」に改名（改編）することの問題性について論じておくことにしよう。

## †自衛「隊」と自衛「軍」

読売〇四年改憲試案の「自衛のための軍隊」（一二条一項）、自民党「新憲法草案」の「自衛軍」（九条の二・一項）というように、最近の改憲案は「自衛隊」ではなく、「自衛軍」という名称をつけたがる。なぜだろうか。

自民党「新憲法草案」作成の中心人物である舛添《ますぞえ》要一（起草委員会事務局次長）は、九条改定の必要性について、「うそをつくのはやめようということでね、F15戦闘機やイージス艦を持つ自衛隊は軍隊ですよ」と述べているそうだが（朝日新聞二〇〇五年一一月一二日朝刊）、単に現状を追認し、それを明確化するための改定だと考えたら、それは大間違いである。

第2章で説明したとおり、現行九条二項の厳格な「禁止」の下で、政府は「自衛隊」を「自衛のための最小限度の実力」として正当化するほかなかったからこそ、海外派兵の禁止、防衛費のGNP一％枠、武器輸出禁止三原則、非核三原則、そして集団的自衛権行使の禁止などの「小国主義」的な政策が打ち出されてきた（↓六七頁）。たしかに九〇年代の急速な軍事法制の「整備」とそれを繕う解釈改憲によって、このような「小国主義」的な政策の多くが形骸《けいがい》化してきた。それにもかかわらず、小泉首相は自衛隊をイラクに派遣する際、「戦争に行くわけではない」といわざるをえなかった。このことの意味は決して小さくない。

米軍によるファルージャ攻撃（二〇〇四年四月）の原因となったのは、二〇〇三年四月、市内の小学校に陣地を構えた米軍に対し、市民が撤退を要求するデモを行ったところ、米軍が銃撃をして一七人の市民が殺害された事件である（[47]三―五）。現行九条二項の下でイラクに派遣された「自衛隊」が、デモをする市民を銃撃する可能性は著しく低い。他方、「正真正銘の軍隊」としての「自衛軍」が「イラク＝戦場」に駐留していたら、米軍と異なる行動をしたという保証はない。

また、二〇〇五年九月一九日、英軍はバスラの警察の拘置所を戦車で襲撃し、拘束されていた英軍兵士二名を「奪還」したが、その際、五人の市民が死亡した。この事件に抗議して、武器を持った約五〇〇人の警官や市民がバスラ市内をデモ行進したと報じられている（朝日新聞二〇〇五年九月二二日夕刊）。「自衛軍」がイラクに派遣されていても、英軍とは異なる選択をしたはずだという保証もない。

二〇〇四年三月一日、自衛隊本隊第一陣を率いる番匠《ばんしょう》一佐がヒドル市議会に表敬訪問に行った際、直訴事件が起きた。建物から出てきた番匠一佐に向かって、群集が叫びながら、ぶつかる勢いで駆け寄ったのだ。現場でこの事件を目撃した東京新聞記者の半田滋は、「米軍だったら、確実に発砲していただろう」と述べている（［58］一一五―一二〇）。派遣されたのが、もし「自衛軍」だったら、どのような事態になっていただろうか。

以上のとおり、「自衛軍」を明文化する改憲案が、現在の「自衛隊」を単に公認するだけだと考えるのはまったくの誤りである。

## †改憲を煽る経済界

それでは、九条改定が追求されるのはなぜか。最近の軍事法制の展開をみると、たしかに日本政府はアメリカの要求に唯々諾々《いいだくだく》と従って、自衛隊をどんどん海外へと展開させているようにみえる。また、二〇〇四年九月、小泉首相が国連総会で演説をして、日本の国連安保理常任理事国入りの決意を表明すると、パウエル国務長官（当時）らのブッシュ政権関係者が「まず九条改定が必要」と釘を刺した事件を覚えている人もいるだろう。

他方、「9・11事件」以後の「追い風」を背景にして、国防関係者が「年来の宿願」の成就《じょうじゅ》を目論んでいるという側面もある。たとえば、二〇〇二年四月二九日にはウォルフォビッツ国防副長官（当時）からイージス艦のインド洋派遣に関する公式要請があったが、朝日新聞二〇〇二年五月六日朝刊は、この要請の背景に海上自衛隊幕僚部幹部の「工作」があった旨を報じている。また、イラク戦争の際、ローレンス国防副次官補から、「軍靴《ぐんか》を地につけろ Boots on the ground」という言葉が公電にのって首相官邸に届いたが、これも日本の「顔」を見せるために陸上自衛隊を派遣したい外務省の意向を受けて、ローレンスが発した言葉だった（［61］四四）。

だからといって、九条改定の問題を単に、「日本政府は対米関係については腰抜けで、日本はアメリカに追随してばかりの情けない国家だから」と評するならば、それはあまりに単純な見方である。また、「千載一遇のチャンス」を利用して、国防関係者が「部分利益」の追求に躍起になっているとの読み方も、十分に事態を把握しているとはいえない。なぜなら、これらの説明では、経済界が改憲にすこぶる熱心な理由を説明できないからである。

日本経済団体連合会、経済同友会、日本商工会議所の財界三団体もそれぞれ改憲に積極的な態度を示している。

財界三団体のうち、最も熱心なのが同友会であろう。同友会は二〇〇一年四月の時点で早くも、「平和と繁栄の二一世紀を目指して」という提言を発表し、集団的自衛権の行使に関する政府解釈の再検討を求めていた。また、衆参両院に設置された憲法調査会の審議のペースが遅いことに不満を述べ、遅くとも二〇〇五年までに憲法改正に必要な手続きをとれるように、調査期間を三年程度に短縮すべきと提言をしていた。その同友会は二〇〇三年四月に「憲法問題調査会意見書――自立した個人、自立した国たるために」を公表している。

日本商工会議所が二〇〇四年一二月に「憲法改正についての意見――中間とりまとめ」を公表し、改憲論議に一役買う意欲を示すと、「真打ち登場」とばかりに日本経団連は二〇〇五年一月、「集団的自衛権の明確化、行使に関する規定の整備」まで踏み込んだ改憲提言「わが国の基本問題を考える――これからの日本を展望して」を出した。

経済界の意向・要求を政治的提言へと変換する役割を果たしていると評価できる、「新しい日本をつくる国民会議」(以下、「二一世紀臨調」と呼ぶ)の「国の基本法制検討会議」は二〇〇二年の二月から三月にかけて、改憲問題に関わる三つの提言を矢継ぎ早に公表した。すなわち、①「国の外交・安全保障・危機管理に関する基本法制上の課題」、②「国の統治機構に関する基本法制上の課題」、そして、③「国民の権利・義務に関する基本法制上の課題」である。ここでは、九条改定問題との関係で、①のみ取り上げる。

同報告は、日本の安全保障政策の「負の遺産」として、憲法との関係で自衛隊は軍隊ではないと説明してきたため、自衛隊が領域外において武力行使を行いうる一切の活動ができないこと、同盟国である米国との集団的自衛権行使にあたる一切の活動ができないこと、国家緊急権に関する憲法上の規定がないことを挙げる。そして、安全保障改革を成し遂げなければ、二一世紀の日本はないという意識改革が必要だと論ずる。二一世紀臨調が、彼らのいう「負の遺産」の清算を、改憲問題の最重要テーマとみていることがわかる。

そして、同報告は、「日本が取り組むべき最優先の安全保障上の課題は、まず、憲法の枠内で行いうる諸改革を実行に移すことであり、さらには、従来までの基本政策の与件となってきた憲法をはじめとする法的・政治的な制約について国民的な議論を促し、その見直しを始めることである」と主張する。国連の平和維持活動や人道支援活動への自衛隊の参加や日米安保条約にもとづく米軍への後方支援を、憲法解釈上可能な限り、ぎりぎりまで推し進めたうえで、それでも実現できない安全保障政策上の課題（たとえば集団的自衛権の行使）があれば、明文改憲をしようというのが二一世紀臨調のスタンスである。

## †九条改定の「思惑」

　ところで、経済界がこんなにも改憲（とくに九条改定）に熱心なのはなぜか。この問題を考えるにあたっては、渡辺治の「現代帝国主義」という議論が参考になる。「現代帝国主義」とは、「旧来のそれのように植民地や勢力圏という領域的支配権に区切られた世界ではなく、グローバルな自由市場の拡大・維持を望むという特徴」を持っており、「こうした変化に伴って、現代帝国主義は、列強帝国主義の時代と異なり、大国間の協調と同盟を特徴とし、また現代帝国主義の戦争も帝国主義間戦争ではなく、自由な市場秩序を攪乱《かくらん》する『ならず者国家』に対する共同の戦争という形をとる」（[82]二六―七）。

　渡辺のこの認識が正しいとすれば、軍事法制の整備に関する日本の支配層の「思惑」は主に、次の二点になろう。①グローバルな自由市場の拡大・維持のためのアメリカの軍事行動に対する軍事的支援の実施とその円滑化、②日本企業が特殊な権益を持つ地域の安定のための軍事的プレゼンスの確保（究極的にはアジア地域への自衛隊単独派兵）である。

　①との関係で課題とされるのは、まず、海外での軍事行動（＝武力行使）を可能にすることであり、集団的自衛権の行使に関する政府解釈の変更である。②との関係では、大日本帝国が侵略した地域にいきなり自衛隊の単独派兵を実現することは、国際的にはもちろ

ん、国内世論との関係でも困難なので、米軍の驥尾《きび》に付して海外での武力行使の実績を積み重ねる必要がある。よって、この点からも、集団的自衛権の行使に関する政府解釈の変更が追求される。

以上の「思惑」を率直に語ったのが、前述した同友会意見書のまとめ役を務めた高坂節《こうさか》三（栗田工業顧問）である。高坂は集団的自衛権の行使を熱烈に擁護するが、注目すべきなのは、「グローバル化とは、日本の資本や人材が世界中に広がっていくこと。これを守るためには何らかの方策が必要だ。だから米国と提携するのだが、ここだけは自分がやる、というところがないといざというときも言いたいことが言えない」と述べている点だ（朝日新聞二〇〇三年五月二七日朝刊）。「ここだけは自分がやる」というのは、将来、自衛隊をアジア諸国に単独派兵させることの含みさえ疑わせる発言である。

現代改憲の特徴は、グローバル市場経済への対応としての、「新自由主義的改革」（この問題については一八四頁以下を参照）と自衛隊海外派兵体制（集団的自衛権の行使）の組み合わせにある。先に触れた二一世紀臨調の報告は、所得税の累進性の緩和や雇用の流動化といった「新自由主義的改革」が「国民の権利・義務に関する基本法制上の課題」とされる一方、憲法改正手続の法制化が「国の統治機構に関する基本法制上の課題」とされている。このように経済界が改憲にすこぶる熱心な点こそ、現代改憲の際立った特徴である。

とはいえ、現代改憲の課題を以上のように理解できるとしても、あなたは次のような疑問を持たないだろうか。「九〇年代の急速な軍事法制の整備・展開にもかかわらず、それでもなお九条の明文改憲を必要とするのはなぜか」という疑問である。そこで、以下では、湾岸戦争以後の軍事法制の展開により、支配層の「思惑」との関係で、「何が達成でき、何が達成できなかったのか」を整理することで、この疑問に答えてみたい。

第2章では、周辺事態法制定の時期（一九九九年五月）までを概観したので、本章ではテロ対策特措法（二〇〇一年一一月。正式名称は、「平成十三年九月十一日のアメリカ合衆国において発生したテロリストによる攻撃等に対応して行われる国際連合憲章の目的達成のための諸外国の活動に対して我が国が実施する措置及び関連する国際連合決議等に基づく人道的措置に関する特別措置法」とめちゃめちゃ長いものである）以後の状況を検討する。

### †テロ対策特措法と有事法制

周辺事態法の制定によって、自衛隊は「周辺事態」における米軍の軍事行動に対する「後方地域支援」を行うことが可能になった。すなわち、自衛隊は日米安保条約にもとづいて、日本「周辺」での米軍への兵站《へいたん》活動という国際法上は明らかな戦闘行動に参加することが可能になった。しかし、前述した支配層の「思惑」からすれば、同法には大きな

「欠陥」があった。第一に、自衛隊の活動範囲が日本の「周辺」に限定された点である。第二に、国民や地方自治体の協力を義務化できなかった点である（地方自治体にできるのは「協力要請」にとどまる。九条一項を参照）。

第一の「欠陥」を「是正」したのが、テロ対策特措法である。「9・11事件」の衝撃とアメリカを支持する国際世論を追い風にして、政府はインド洋まで自衛隊の後方地域支援の範囲を拡大することに成功した。

第二の「欠陥」を「是正」したのが、武力攻撃事態法を中心とする有事法制の整備だった（二〇〇三年六月）。武力攻撃事態法は地方自治体の協力義務を法定し（五条、七条および一五条を参照）、さらに「努力義務」として国民の協力を定めた（八条）。政府は「武力攻撃予測事態」と「周辺事態」が「並存」しうることを認めることで、「予測事態」段階での米軍の軍事行動に対する国民・地方自治体の動員を可能としたのであった。

具体的に説明してみよう。日本の周辺（たとえば朝鮮半島）で米軍が軍事行動を開始すれば、周辺事態法にもとづき自衛隊は後方地域支援を行う。この時点で国際法上、日本はアメリカの交戦国との関係では交戦国となるから、日本に対する相手国の具体的な軍事行動が行われていない段階で、政府は「予測事態」を認定し、有事法制を発動させることによって、民間・地方自治体を戦争動員することができる。

以上のとおり、武力攻撃事態法は「予測事態」をテコにして、「周辺事態」や「グローバル有事」における民間・地方自治体の動員や自衛隊の海外派遣を可能にするものである。起こるかどうかわからない（たぶん起こらない）日本への大規模侵攻という「日本有事」を想定した法制では決してない。東アジアで米軍が先制的に行う軍事介入を、日本が国家を挙げて支援するために制定された戦争推進法と評すべきものである。「備えあれば憂いなし」という小泉流の正当化論はまやかし以外の何ものでもない。

アメリカはずっと赤裸々《せきらら》だった。日本が集団的自衛権の行使に踏み切ることを求めた「米国防大学国家戦略研究所特別報告書」（二〇〇〇年一〇月。いわゆる「アーミテージ報告」）には、「改定された米日防衛協力のためのガイドラインの誠実な実行。これには有事立法の成立も含まれる」との一節があったことはよく知られている。「日本の安全」ではなく、「新ガイドラインの誠実な実行」の見地から有事法制の必要性を論じている事実に注目しよう。少なくともアメリカ側は、周辺事態法では達成できなかった課題（民間・地方自治体の戦争動員）を達成するために、有事法制の整備を求めていたことがわかる。

ちなみに、有事法制をめぐって日米当局間で次のような会話があったという（朝日新聞二〇〇二年四月二七日朝刊）。米国「『陣地構築』とあるが、何のためか」。日本「敵の着上陸侵攻に備えるものだ」。米国「どこが日本を侵略するのか」。日本「昔はソ連でしたね」。

米国「……」。有事法制の整備を求めるアメリカが、「日本有事」など想定していないことの傍証である。

## †集団的自衛権の行使とイラク特措法

テロ対策特措法の制定と有事法制の整備によっても、まだ実現できていない課題が、集団的自衛権の行使の公式的な容認である。軍事法制の整備に関する支配層の「思惑」の中核が、集団的自衛権の行使に関する政府解釈の変更にあることはすでに論じたが（↓八五頁）、それがなかなか実現しないわけだ。そして、イラク復興支援特別措置法（二〇〇三年七月。「イラク特措法」と呼ぶ）は、この「積年の課題」を実現しようとするものだった。

ここであらためて、基本知識を確認しておこう。A国がB国の攻撃を受けた際にA国自身がそれを撃退する権利を一般に自衛権という。国連憲章五一条はこれを①「個別的自衛権」と呼ぶが、同条は他に②「集団的自衛権」を認めている。これは、A国とB国が連帯関係にあり、B国がC国の攻撃を受けた場合、A国が武力攻撃を受けていないにもかかわらず、C国に対して反撃する権利と一般に理解されている。

政府見解によれば、日本が独立国である以上、憲法九条二項も主権国家としての「固有の自衛権」を否定するものではない。よって、自衛のための最小限度の実力の保持は憲法に違反しないとされる。これは①の正当化論である。

他方、②に関しては、「わが国が、国際法上、このような集団的自衛権を有していることは、主権国家である以上当然である。しかしながら、憲法第九条の下において許容されている自衛権の行使は、わが国を防衛するために必要最小限度の範囲にとどまるべきものであり、他国に加えられた武力攻撃を実力をもって阻止することを内容とする集団的自衛権の行使は、これを超えるものであって、憲法上許されないと考えている」としている。要するに、①は合憲だが、②は違憲というのが現在の政府見解である。

しかし、政府は従来から、抽象レベルでは①と②を峻別《しゅんべつ》して憲法九条の拘束をクリアさせつつ、実際には①と②の境界があいまいな領域での活動を①で説明することで（たとえば「周辺事態」における兵站活動）、①と②の区別を相対化し、②にあたる活動をも「憲法の範囲内」と説明してきた節がある。このことを可能にしたのが、②の狭い定義、すなわち、「武力攻撃を実力をもって阻止する権利」という限定であった。

この限定によって、外国に対する軍事援助でも武力行使にいたらないタイプの活動は合憲とされる余地を残したわけだ（周辺事態法二条二項、テロ対策特措法二条二項の「対応措置の実施は、武力による威嚇又は武力の行使に当たるものであってはならない」という定型化された文言を参照）。荒畑君が「神学論争だ」と非難した、「発射後に人為的に誘導可能なミサイルの場合、ミサイルの発射自体は戦闘行為に当たらない」という中谷元・防衛庁長官（当時）の珍妙な答弁も（↓二〇頁）、以上の問題状況を反映したものである。

この「外国に対する軍事援助でも武力行使にいたらないタイプの活動は合憲」という論理をフルに活用したのが、テロ対策特措法である。同法の制定時におけるこの議論の効用は、同法が日米安保条約にもとづくのか、国連決議にもとづくのかという問題を回避できる点にあった。周辺事態法においては日米安保条約との関係で地理的限定があり、PKO等協力法においては国連決議や停戦合意など自衛隊の海外出動を一応限定するものがあった。しかし、テロ対策特措法にはこのような限定は一切ない。論理的には、テロ対策特措法は、アメリカが「9・11事件」と関連づけて対テロ戦争を続ける限り、「我が国が国際的なテロリズムの防止及び根絶のための国際社会の取組に積極的かつ主体的に寄与するため」（一条）、自衛隊を世界中に派遣させることさえ可能な法律であった。

イラク特措法は条文上、米軍の行動に一切触れることなく、国連決議をやたらと援用して「国際貢献」的な目的を高唱する。他方、条文の中に「……国際社会の取組に関し、我が国がこれに主体的かつ積極的に寄与するため」という一文を入れることで（これがテロ対策特措法一条の焼き直しであることは一目瞭然）、「対米追随」という日本政府の「主体的判断」による自衛隊のイラク派兵を可能にしている。

また、周辺事態法やテロ特措法と同様に「対応措置の実施は、武力による威嚇又は武力の行使に当たるものであってはならない」(二条二項)との規定を入れて、「武力の行使」と「武器の使用」を峻別することにより、自衛隊のイラク派兵を従来の政府解釈の枠内で正当化する。憲法九条一項が明文で禁止する「武力の行使」は許されないが、海外で活動する自衛隊は一定の範囲内で「武器の使用」が許されるとするのが政府見解である(詳しくは一三〇頁以下を参照)。このイラク特措法によって、自衛隊は「正真正銘の戦地」へと派遣されることになった。

### †なぜ明文改憲なのか

以上のとおり、「9・11事件」以後の急速な軍事法制の展開によって、前述した支配層の「思惑」のかなりの部分が達成されつつある。それでもなお、明文改憲が必要とされるのはなぜか。

私のみるところ、支配層の「思惑」からみて、今なお不満足なのは次の二点である。第一に、テロ対策特措法やイラク特措法のように事案ごとに個別法を制定するやり方では、自衛隊の海外派兵を円滑に進めることができない。いわゆる「恒久法」が追求されるゆえんである。第二に、集団的自衛権の行使に関する政府解釈を変更しないまま、前述した

「武力の行使」と「武器の使用」の峻別論に依拠して自衛隊の海外派兵を続ける限り、「危険な地域」に派遣することができず、海外での武力行使の実績を積み重ねることが難しい。

この問題は政府にとって「痛し痒《かゆ》し」の問題だろう。自衛隊が大規模な戦闘に巻き込まれて、多数の戦死者が出た場合には、国民の世論が「動揺」して、自衛隊の撤退という問題が生じるおそれがある。他方、「安全な地域」でのみ活動を続けるのであれば、支配層の「思惑」はなかなか実現しないことになる。かといって、正真正銘の戦場において、相手が「集団的自衛権の容認のために必要な最小限度の攻撃」などしてくれるはずもない。

この「隘路《あいろ》」を突破する方法は二つある。第一の方法は、集団的自衛権の行使に関する政府解釈の変更である。これは一見、手っ取り早い方法に思えるが、必ずしもそうとはいえない。たとえば、内閣法制局長官の阪田雅裕は、「仮に日本が集団的自衛権を行使できるとすれば、わざわざ九条があるのは何のためだろうか」とまで述べて、九条の下で集団的自衛権の行使を認めることはできないと論ずる(朝日新聞二〇〇四年一〇月二日朝刊)。また、葛西敬之《よしゆき》(JR東海会長)と御厨貴《みくりや》(政治学者)がタッグを組んで、内閣法制局批判と絡めつつ、政府解釈の変更による集団的自衛権行使の容認を求めても、秋山收《おさむ》(元内閣法制局長官)はこれを突っぱね、解釈の変更ではなく、明文改憲によるべきと反論している([02]一七七―八)。

内閣法制局を代表した意見としては、当然といえよう。長年積み重ねてきた憲法解釈を一夜にして変更すれば、法解釈機関としての権威（＝正統性）が疑われかねないからだ。

そのため、軍事大国化を目論む人びとは、政党状況や国民意識との関係で実現可能ならば、政府解釈の変更ではなく、明文改憲を追求するというスタンスをとることになる。彼らは二兎《にと》を追っているわけだ。たとえば、二一世紀臨調が現憲法の枠内で可能な限りぎりぎりまで、自衛隊の海外派兵体制の構築を求めつつ、その限界を超えるものについて明文改憲を議論すべき、と論じていたことを思い出してほしい（↓八四頁）。

## †改憲案における九条改定の内容

他方、明文改憲を提唱する議論においては、わざわざ明文改憲をする以上、自衛隊を「正真正銘の軍隊」として海外派兵することが追求される。経済界の改憲構想がこのような内容のものであることは前述した（↓八三頁）。読売〇四年改憲試案も同様である（↓七一頁）。詳細は第7章で検討するが、近年いくつか公表された自民党の改憲構想も一貫して、「正真正銘の軍隊」の海外派兵を可能にする九条改定を追求している。

類似の内容の九条改定を提唱する改憲案は枚挙にいとまがない。たとえば、中曽根康弘「わが改憲論」（二〇〇〇年三月）は「個別的自衛権のみならず、集団的自衛権も行使できると正確を期すべき」との観点から、九条二項の改定を提言していた。他にも、主だった改憲案をいくつか挙げてみよう。

小沢一郎「日本国憲法改正試案」（一九九九年九月）「（現行九条一項・二項の規定は）第三国の武力攻撃に対する日本国の自衛権の行使とそのための戦力の保持を妨げるものではない」、「日本国民は、平和に対する脅威、破壊及び侵略行為から、国際の平和と安全の維持、回復のため国際社会の平和活動に率先して参加し、兵力の提供をふくむあらゆる手段を通じ、世界平和のため積極的に貢献しなければならない」。

山崎拓「新憲法試案」（二〇〇一年五月）「日本国の主権と独立を守り、国の安全を保つとともに、国際平和の実現に協力するため、内閣総理大臣の最高指揮権の下、陸、海、空軍、その他の組織を保持する」。

日本会議・新憲法研究会「新憲法の大綱」（二〇〇一年四月）「我が国の安全と独立を守り、併せて国際平和に寄与するため、国軍を保持する」。

世界平和研究所「憲法改正試案」（二〇〇五年一月）「日本国は、自らの平和と独立を守り、国及び国民の安全を保つため、防衛軍をもつ」、「日本国は、国際の平和及び安全の維持、並びに人道上の支援のため、国際機関及び国際協調の枠組みの下での活動に、防衛軍を参加させることができる」。

判で押したように、改憲派の九条改定の内容は似ている。定期試験で、これだけ似た内容の答案が出てくれば、集団的なカンニングを疑うのが、大学教員の習性である。これも偶然の一致ではないだろう。それだけ、九条改定が支配層の間でシリアスな課題として共有されていることを示していると解すべきである。

今池さんは、「自民党案のように、海外での軍事行動を可能にすることにはあまり賛成できません」（→一七頁）と述べるが、自民党の改憲案だけではなく、民主党の改憲案も、財界の改憲案も、読売改憲試案も、そして、アメリカの要求さえもすべて、自衛隊を「正真正銘の軍隊」にしたうえで、海外での軍事行動を可能にすることを目論んでいる。よって、あなたも今池さんと同様の感想を持つのであれば、端的に現代改憲一般に反対したほうが賢明な選択といえる。それぞれの改憲案のニュアンスの差異を検討して、「どの改憲案なら、受け入れられるかしら？」なんてことを考えるのは、まさに改憲派の思う壺《つぼ》である。くれぐれもご用心を。

# 第4章 世代ごとの憲法？——憲法とプリコミットメント

## †日本国憲法は「不磨の大典」？

護憲派は改憲論議をタブーにし、六〇年も前の日本国憲法を「不磨の大典」にしていると改憲派は批判したがる。たとえば、改憲派の政治学者・御厨貴は、大日本帝国憲法が「不磨の大典」とされて、これを改正できないばかりに戦前の日本はさんざん苦労したはずなのに、現行憲法九六条の改正規定はあまりにも厳格なため、日本国憲法は戦後半世紀以上も改正できずに、「不磨の大典」になってしまったと批判する（［67］一七二）。また、法制史学者の瀧井一博は、「不磨の大典」を脱する一歩になるとの期待だけを理由にして、自民党「新憲法草案」を好意的に評価する（朝日新聞二〇〇五年一〇月二九日朝刊）。

「改憲論議がタブーであった」との認識が誤りであることは、第2章で説明した。では、

「護憲派は日本国憲法を不磨の大典にしている」という批判のほうはどうだろうか。私のみるところ、この批判も、改憲問題の本質を隠蔽《いんぺい》するための詐術《さじゅつ》でしかない。「どの規定をどのように変えることで、何を実現しようとしているのか」という改憲の是非を論ずるうえで最も重要な問題を棚に上げて、「とにかく、まず実際に改憲を実現してみて、主権者は憲法を変えることができると実感するのが大切だ」と「国民主権フレンドリー」に論じておきながら、実際には国民に十分な議論をさせないまま、改憲派の当初の目的（＝九条改定）をかっさらおうとする議論にしか読めないからだ。

護憲派は別に、「未来永劫、いっさい改憲はダメ」と語ってきたわけではない（もし本当にそんな護憲派がいたら、「それは頑迷《がんめい》にすぎますよ」と私は苦言を呈したい）。第2章で概観したように、護憲派は特定の政治状況の下で、特定の条項の改定に反対してきた。そこには、現実の政治状況に対する彼ら・彼女らなりの「読み」と、その政治状況の下で九条が持つ「効用」への積極的な評価があったはずだ。

たとえば、西修などの改憲派が日本国憲法の欠陥の象徴のようにして批判する憲法八九条は（[50]一八六—九〇。同条を厳格に解釈すると私学助成は違憲となる）、もし政府・与党が将来に向けて九条の堅持を明言する一方、八九条だけ改正するというかたちで改憲案を作成すれば、護憲論者の多くがこれに猛烈に反対するとは考えられない。

## †硬性憲法と「世代間の公平」

ところで、「現在に生きる私たちが憲法の見直しをすべき」と主張する桜山君の意見は、「不磨の大典」批判論よりはずっと「筋のいい」議論である（↓一二三頁）。いや、彼の議論を好意的に解釈すれば、憲法学に対して重大な問題提起をしているとさえいえる。

通常の法律よりも厳格な手続によらなければ改正できない憲法を「硬性憲法」と呼ぶ。日本国憲法は改正について、衆参両院の総議員の三分の二以上の賛成による国会の発議と国民投票の過半数による承認を要求しており（九六条一項）、硬性の度合の強い憲法と評価される。「国の最高法規」とされる日本国憲法は、基本的人権の保障と統治機構の権限について定めており、これらの規定は国民代表機関である国会を含めて、すべての国家機関の活動を制約する（九八条）。憲法違反の国家活動は裁判所の違憲審査によって無効とされる（八一条）。以上の説明からも、日本国憲法が立憲主義の考え方（↓四九頁）を具体化するものであることが理解できよう。

桜山君でさえ、「何を今さら当たり前のことを先生は話しているのか」と思ったかもしれない。しかし、この「当たり前のこと」を疑う人物がいる。トマス・ジェファーソンである。一七八九年九月六日付のジェームズ・マディソンに宛てた手紙の中で彼は、「一つの世代が他の世代を拘束できるのか」という問題を提起し、「地上の使用権は生者に帰属する。……いかなる社会も永遠の憲法はもちろん、永遠の法さえ制定できない。地上は常に現在の世代に帰属する」と述べた。

「制憲者の世代は後の世代を拘束できない」というジェファーソンの主張は、「当たり前のこと」の根拠を動揺させる。なぜなら、彼の主張は、「高次の法＝憲法」を設定して通常の国家活動を統制する「立憲主義」というプロジェクトそれ自体を（少なくとも論理的には）否定するものだからである。

もちろん、「民主主義の暴走を嫌というほどみてきた二〇世紀の人類は、だからこそ立憲主義の重要性を再確認したのだ。多数者の権力からの自由こそ、立憲主義の目的である」（→四九頁）との立場から、ジェファーソンを批判することは可能だろう。

しかし、この批判は、「一つの世代が他の世代を拘束できるのか」というジェファーソンの問題提起に対して、そのような問題を真剣に受け止めると「立憲主義の目的」が達成できなくなると応答したことになる。ジェファーソンは納得するだろうか。もちろん、彼が納得するか否かは日本の憲法学にとって「どうでもいい問題」かもしれない。しかし、桜山君もたぶん納得しないだろう。そんなわけで、桜山君を説得するべく、若干の考察をしてみたい。

## †プリコミットメントとしての憲法？

人間はしばしば、ある時点であらかじめ将来における選択肢を減らしておくことで、将来の出来事をコントロールしようとする。セイレンの歌声を前にしたオデュッセウスの行動がその古典的な例である。オデュッセウスは部下に命令して自分をマストに縛り上げさせ、彼が「縄を解け」と命令した場合にはさらに一層強く締め上げるように命じた。ヤン・エルスターによれば、このオデュッセウスの行為（自己拘束）は、「意思の弱さ」という問題を抱える合理的主体が自らの自律性を損なうことなく、継続的な合理性を獲得する主要なテクニックである（[86] 三六―七）。

卑近な例も挙げてみよう。飲酒運転で事故を起こしたばかりなのに、お酒を飲むと気が大きくなって車を運転したくなるジョンは、パーティーでお酒を口にする前に車の鍵を妻（ヨーコ）に渡して、酔っ払ったジョンがどんなに命令や懇願をしようとも、鍵を返さないようにヨーコにお願いしておくことで、飲酒運転（とそれにともなう自動車事故の危険）を回避することができる。酔っ払ったジョンが車を運転できないことは自らの合理的選択にもとづく自己拘束であり、これはジョンの自律性を阻害するどころか、彼の自律性を最大化するものである。以上のようにオデュッセウスやジョンの自己拘束を説明（ないし正当化）する議論が「プリコミットメント論」である。

憲法制定という行為も、制憲者が将来の通常政治の選択肢を減らすことで（一定の事項を通常政治の決定から「聖域化」することで）、将来の出来事をコントロールする営為と解釈することができる。ならば、プリコミットメント論を硬性憲法の正当化にも利用できるだろうか。もしそれができるのであれば、私たちはジェファーソンを（そして桜山君を）説得できるかもしれない。

しかし、オデュッセウスやジョンの自己拘束を憲法の正当化に応用するのは難しい。便宜上、制憲期の世代をX、五〇年後の世代をYと呼ぶことにしよう。素面のジョンと酔っ払ったジョンは一応、同一人格といえる。よって、この場合は自己拘束と解しうる。他方、①XとYを同一の集団と解することができるのか。XとYが同一集団でないならば、憲法の内容がいかにすばらしくても、それはXがYの選択を制限しているのであり、「他者拘束」である。②Yが憲法改正に着手していない以上、憲法に対する「黙示の合意」をしていると解されるから、自己拘束として説明可能であるという応答は、日本国憲法のように厳格な改正手続を採用している場合、ほとんど説得力がない。また、③XとYの選択について、Xの選択のほうが合理的であるという想定も恣意的である。

## †二人目のホームズ

以上のような疑問・批判をふまえてもなお、プリコミットメント論を憲法の正当化に利用できるだろうか。その有力な候補は、本書に登場する「二人目のホームズ」である、スティーブン・ホームズの「積極的立憲主義」の議論である。

さて、「XとYは同一集団か?」という①の批判に対して、「XとYは同一集団である」と応答しようとすると、「単一民族国家」とか、「天皇によって統合を象徴される共同体」とか、かなりファナティックな議論に訴えざるをえなくなる。私は本来的にこの手の議論が苦手である。しかし、このような議論に頼らなくても、①の批判をクリアする簡便な方法がある。Xによる自己拘束の当否を判断するのは結局、Yであるという前提を受け入れることだ。ホームズは進んでこの前提を受け入れる。しかし、②の批判にあるとおり、厳格な改憲規定の下で「黙示の合意」の理屈が使えない以上、これではジェファーソンと同じ結論にいたってしまう。すなわち、「世代ごとの憲法改正」である。

この難局を抜ける一つの方法は、憲法を単に自己統治に対する制約としてではなく、より持続的で討議的な自己統治を可能にする手段・制度として描出することである。Xが設定した憲法によってYの「より善い自己統治」が可能になると説明できれば、少なくとも

Yが自己統治（＝民主主義）の価値を根拠にして、憲法を攻撃することはできなくなるからである。

ホームズは「積極的立憲主義」と称して、憲法が自己統治を可能にする手段・制度として機能するさまざまな事例を挙げている。たとえば、Xが表現の自由を憲法で保障して通常の政治過程から保護することで、Yの自己統治をより討議的なものにしている、あるいは、Xが政教分離を憲法で保障して政治過程における合理的な交渉と妥協を困難にする宗教を「私事化」することで、Yの安定的で効率的な自己統治を可能にしている、というように（[88] 一六三―七四、二〇六―七）。

## †ポルノ擁護論禁圧法

ちょっと妙な寓話《ぐうわ》で、ホームズの議論を補足しておきたい。

カリタ共和国では、ポルノを全面的に禁止する法律の制定が問題になっている。議会では禁止派がぎりぎり過半数を占めているが、国民世論は現在のところ、禁止賛成が四〇％、反対が三五％、賛否不明が二五％である。そして、この国では、多数決主義として理解された民主主義は知られているが、立憲主義という考え方はまったく知られていない。この状況下で、君たちが「十字軍的なポルノ禁止派」だったら、何をするだろうか。

間違っても、「ポルノ禁止の是非を自由に議論しよう」なんていわないはずだ。私だったらまず、議会の過半数の賛成を得て、ポルノを擁護するいかなる議論も厳重に処罰する法律をつくる。議会でポルノ禁止法に反対する演説をした議員がいたら、そんな奴はただちにブタ箱行きにする。世論調査においても、ポルノ禁止法に反対する意見は〇％になるだろう（誰だってブタ箱には行きたくないでしょ？）。ポルノ擁護論禁圧法さえ制定すれば、ポルノ禁止法を制定することなど朝飯前である。

ところが、日本国憲法のように表現の自由を明文で保障する憲法の下では（二一条を参照）、ポルノ擁護論禁圧法のように、思想内容などを理由として表現行為を処罰する法律をつくることは——きわめて例外的な場合を除いて——許されない。その結果、立憲主義憲法の下では、ポルノ禁止派も、容認派や中立派に対して「なぜポルノを禁止すべきか」を説明する必要性が生ずる。「ポルノは不潔で不道徳で、みるとすっごく不愉快だから」と一方的に論ずるだけでは、利害や価値観を異にする容認派や中間派を論破も説得もできないだろう。

ポルノ容認派も、「みたいんだから、うるさいこというな」なんていわずに、「子どもを搾取するチャイルド・ポルノは禁止して当然だが、ポルノをみたいと考える成人が私的にポルノをみることまで禁止する必要がどこにあるのか」という知的な反論をしたらいい。

その一方で、「ポルノをみたくない人」の利益を守るために、テレビ放送や中吊り広告での性的描写は禁止すると訴えれば、中間派を味方にできるかもしれない。「表現の自由を憲法で保障することで、自己統治を討議的なものにする」（↓一〇五頁）とは、こういうことである。なお、「ポルノ擁護論禁圧法なんて非現実的な話はやめてくれ」と思った人はぜひ、戦前日本の治安維持法を一読してほしい。「ポルノ」を「共産主義」に変えれば、カリタ共和国の馬鹿げた寓話は、大日本帝国の現実の話になる。ちなみに、治安維持法の最高刑は死刑である。「ブタ箱行き」なんて甘いもんじゃない。

## †プリコミットメント論の利用可能性

ところで、エルスターもホームズの「積極的立憲主義」の議論を受け入れるが、XがYよりも「合理的＝素面《しらふ》」だという想定は現実の憲法制定の実態と齟齬《そご》することを指摘する。エルスターによれば、憲法制定は社会的・経済的危機や戦後復興といった（理性ではなく）感情が高揚する騒乱と激変の時代に行われるのが「圧倒的な経験則」であり、よって、Xがとくに「素面」だという保証はない。とくに制憲議会でいったん決定されると、後の世代がそれを覆すことは格段に難しくなるのだから、制憲者は自分たちの利害を確保する強い動機を持つと彼は論ずる（[87]一五九―七三）。つまり、XとYの選択について、Xの選択のほうが合理的であるという想定は恣意的である。桜山君がエルスターの議論を知ったら、「そうだ、そうだ」というかもしれない。

エルスターの議論の特徴は、彼が歴史的事実との関係で、憲法制定を自己拘束と解することは難しいと論じている点にある。しかし、キャス・サンスティンは、憲法的自己拘束は現実の制憲過程の説明には利用できないとしても、規範的な意味では利用価値があると論ずる。憲法上のプリコミットメント戦略の意義を具体的に理解するため、国家の下位の構成単位（州や地域）が国家から「離脱する権利」を憲法で保障するべきかという問題に関するサンスティンの議論を、私なりにかみくだいて紹介してみよう（［90］九五―一〇五）。

A、B、Cの三民族からなる多民族連邦国家が憲法制定に着手したとする。便宜上、P州は民族Aが、Q州は民族Bが、R州は民族Cがそれぞれ人口の七割を占め、P州に天然資源があるとしよう。この場合、各州の離脱権を憲法上認めると、連邦政府の政策がP州の利害と対立する場合（たとえば天然資源の国家管理）、P州は「連邦からの離脱」という「脅迫」を利用することができる。また、州の離脱権が「憲法上の権利」である以上、P州は連邦政府やその他の州の政治的意思にかかわらず、州内の多数意思によって離脱が可能なはずである。そのため、いったん離脱運動が始まると、同じ考えを持つ人びと（＝民族A）が他者を排除した内輪の討議で政治決定をする蓋然性《がいぜんせい》が高い。

この状況はまさに、サンスティンが「集団偏向 group polarization」と呼ぶ事態である。「集団偏向」の特徴は、同じ価値観・利害を持つ集団の内部で討議を重ねれば重ねるほど、結論が先鋭化する点にある。浅間山荘事件（一九七二年）を引き起こした連合赤軍などがその典型例といえよう（彼らは閉鎖的な共同生活の中、リンチで一二人の「同士」を殺している）。「集団偏向」は、「討議を通じた合意形成」という「討議民主主義」の理想からみれば、まさに「討議のトラブル」と呼ぶべきスキャンダラスな現象である。

ともあれ、このようにP州や民族Aの政治的意見が先鋭化すれば、国内の民族対立を深刻化させるおそれがある。その結果、憲法制度枠内での通常政治における討議と妥協が困難になる。サンスティンの主張は、州の離脱が政治的・道徳的に正当化されるか否かはともあれ、憲法で離脱権を保障することは、民族的・党派的紛争の危険性を増大させる一方、政治過程における討議と妥協の見込みを減少させて、持続的な自己統治を困難にするというものである。よって、サンスティンによれば、離脱権の放棄は賢明なプリコミットメント戦略ということになる。

## †憲法解釈の方法としてのプリコミットメント論

以上の検討をふまえて、次の三点を指摘しておきたい。

第一に、憲法的自己拘束を規範的議論として利用する以上、サンスティンの議論は、特定の政治的・社会的条件の下で行われた「憲法制定＝プリコミットメント」の「良し悪し」を判断できるはずである。前述した離脱権の放棄の問題はその一例だが、たとえば、「持続的で討議的な自己統治」を可能にするためには、「集団偏向」を抑制するメカニズムを公的討議空間に組み込むことが必要だと考えるなら、「異端者 dissenter」が公的討議空間に現れるのを困難にする憲法は、「悪い憲法」といえるだろう。

改憲論議が高まる現在の日本は同時に、イラク派兵に反対するビラを自衛官官舎に配っただけで逮捕され、有罪とされる社会であり（東京高等裁判所二〇〇五年一二月九日判決。ただし、現在上告中）、卒業式で「日の丸・君が代」の強制を批判する記事を配ったら、「威力業務妨害罪」で起訴されかねない社会である（［75］一六二―八六）。

このような社会が、異端者の排除による、国民レベルの「集団偏向」という問題についてセンシティブになるのは合理的である。よって、「愛国心」やそれに類する言葉を書き込むために行う憲法改正は、「持続的で討議的な自己統治」を困難にする不合理な「悪い憲法改正」といえるだろう（→二三八頁）。

第二に、規範的議論として憲法的自己拘束を利用するのであれば、制憲者Xが「素面」かどうかはあまり重要な問題ではなくなる。規範的議論である以上、現在における（Yにとっての）「持続的で討議的な自己統治」を可能にする憲法を制定した制憲者Xが「合理的＝素面」と評価される一方、それを困難にした制憲者は「不合理＝泥酔」と評価されるだけの話である。

ならば、憲法学は次のようなかたちでプリコミットメント論を利用できるのではないか。現実の制憲者が「素面」だったか否かは別にして、特定の政治的・社会的条件の下で彼らが「素面」だったとすれば、どのような自己拘束を行ったのかという規範的議論をする一方、いったんできあがった憲法については、彼らの行った自己拘束の当否を判断するのは現世代である以上、ある憲法規定が自己拘束か否かはその憲法規定が現時点における持続的で討議的な自己統治を促進する装置・技術として説明ないし正当化が可能かという点に依存するとの立場から、憲法を整合的に解釈するという考え方である。この考え方を便宜上、「憲法解釈の方法としてのプリコミットメント論」と呼ぶことにしよう。

第三に、プリコミットメント論によって憲法を正当化する議論の多くは、民主主義を単なる多数決とは理解せず、熟慮と討議の過程（deliberative democracy）と理解している点に注意をうながしたい。プリコミットメント論は「硬性憲法＝立憲主義」を「持続的で討議的な自己統治＝民主主義」を可能にする装置・技術と解することで、立憲主義と民主主義を調和させる議論と評価できる。

### †現代改憲論議との関連性

とはいえ、以上の議論は、現代日本の改憲論議とどんな関連性があるのか。硬性憲法や立憲主義を正当化する議論は古くからある。プリコミットメント論という新奇な議論など不要ではないか。もっともな疑問である。しかし、私は現代改憲論議との関係で、プリコミットメント論は検討に値する議論だと考える。

政治学者の谷澤正嗣は、「憲法は政治の営みを妨げるものだという考えが、現代日本の政治的言説空間のなかでひとつの潮流になっている」と論じている（[70]二九四）。実際、改憲構想のほとんどが、憲法九六条を改定して改憲のハードルを低くすることを目論んでいるが、これも憲法を「障害」とみる憲法観の反映といえよう。

たとえば、読売〇四年改憲試案では、①両院の過半数の賛成による改憲案の発議の場合は国民投票が必要だが、②両院の三分の二以上の賛成があれば、国民投票は不要という規定になっている（一一六条）。自民党「改憲大綱」は読売改憲試案と同じ考え方に立ちながらも、日本の「国柄」ともいうべき「象徴天皇制・基本的人権・平和主義」に関する規定などについては、①の方法によらねばならないとしている。

もちろん、立憲主義の考え方からすれば、憲法が通常の政治過程にとって「障害」となるのは当然である。しかし、憲法改正がある程度、現実味を帯びてきているとき、そのような応答に満足していてよいのだろうか。政治学者の杉田敦は、「政治実践を行うについて憲法を遵守せよという限りでは、立憲主義は成り立ちうる。しかし、立憲主義がどうして、憲法そのものの改定の是非や頻度まで制約することになるのかは、私には理解できない」と述べる（[40] 一三）。憲法学は杉田を説得する理屈を用意しているのだろうか。

たとえば、元駐イタリア大使の英《はなぶさ》正道（鹿島建設常任顧問）はある座談会で、「時代は移り、社会は変わるものです。民主主義の国であれば、一つの世代の考えが五〇年も後の世代を拘束するのは可笑《おか》しい。むしろ非民主主義的です。私は、今日の日本であたかも護憲が正義であるかのように議論する人は、民主主義の本質を十分に把握していないか、あるいは為にする議論をしているのだと思います」と述べている（[57] 三四）。

また、国際法学者の大沼保昭も、「自分たちがその制定に関与できなかった憲法で国家を運営することには、どうしても無理がある。原則的には各世代がその世代の理念と感性に基づいた日本を運営していく権利と義務を認めることが、世代間公平の理念にも適合する望ましいあり方と言えるのではなかろうか」と論じている(〔20〕一五六)。

英や大沼の議論は真面目に受け止めるに値しない、との評価もありえよう。しかし、憲法を政治に対する「障害」としてのみとらえる憲法観が蔓延《まんえん》する一方、改憲派が憲法改正の正当化に国民主権を援用する状況の下では、少なくとも実践的には、彼らの議論を軽々しくしりぞけるべきではないと考える。そして、プリコミットメント論による憲法の正当化は、英や大沼のような(そして、桜山君のような)改憲必要論に対する理論的応答としての性格を有している。

もちろん、特定の条項が五〇年の時代を経て現実と合わなくなった場合、その条項を改正することは当然ありえていい。この場合、特定の条項がどのような意味で「時代遅れ」になり、どのような現代的課題に対処するために、どのような内容の改正が必要か、という実質的な議論をすべきである。「五〇年前の世代が現代の世代を拘束するのはおかしい」といった類《たぐい》の一般論は不要である。このような議論こそ、プリコミットメント論の立場からみれば、「民主主義の本質を十分に把握していない」、「為《ため》にする議論」である。

## †九条はプリコミットメントか

第3章で説明したとおり、現代改憲の目的の核心は憲法九条の改定にある。具体的には、九条二項を削除して自衛隊を正真正銘の「軍隊」に位置づけ、さらに、何らかのかたちで海外での軍事行動を可能にする。そして、状況が許せば、集団的自衛権の行使をも可能にするというのが、改憲派の思惑といえる。では、プリコミットメント論は、憲法九条の正当化にも利用できるのだろうか。

長谷部恭男は憲法九条をプリコミットメント戦略として説明可能であると考えている。長谷部によれば、防衛問題に関して民主的政治過程が合理的な審議と決定を行う蓋然性は低い。また、国内の民主的政治過程が理想的に機能したとしても、中央集権的な権威が存在しない国際社会は囚人のジレンマ状況の下、軍縮がすべての国家の利益にかなうにもかかわらず、各国は軍拡競争に走る危険性がある。

このような問題に対処するためには、「各国が、憲法によりそのときどきの政治的多数派によっては容易に動かしえない政策決定の枠を設定し、そのことを対外的にも表明することが、合理的な対処の方法といえる。憲法第九条による軍備の制限も、このような合理的な自己拘束の一種と見ることが可能である」と長谷部は述べる。そして、セイレンの歌声を前にしたオデュッセウスの行動に触れた長谷部は、以下のように論じる。

民主主義国家にとって憲法が持つ合理的自己拘束としての意味は、このオデュッセウスの寓話にわかりやすく示されている。日本国憲法第九条も、こうした意味を持つと考えることができる。「国際社会への協力」や「自国の領土の保持」などという美しい歌声に惑わされることなく、日本の国民が将来へ向けて、安全な航海をつづけていくことができるか否かが、そこにかかっている。

ことに、第二次世界大戦前において、民主的政治過程が軍部を充分にコントロールすることができず、民主政治の前提となる理性的な議論の場を確保しえなかった日本の歴史にかんがみれば、「軍備」といえる存在の正統性をあらかじめ封じておくことの意義は大きい（［54］一五六）。

この長谷部の議論は示唆的である。九条改定の「欲望」がリアルだからこそ、憲法改正国民投票での勝利を計算しなければならない改憲派は、世論の動向を勘案しつつ、九条改定に煙幕を張ろうとする。たとえば、「憲法全体の再調整」を「国民主権の行使」の観点から正当化しつつ、その一環として九条にも手をつけるという議論の仕方がその一例である（詳しくは一三五頁以下を参照）。日本国憲法を「不磨の大典」と批判したり、「一つの世代が後の世代を拘束するのは非民主的だ」と論ずる、最近の改憲派の議論の特徴も、この文脈で理解すべきである。

絶対平和主義を擁護する論者の中には、私の迂遠《うえん》な九条擁護論を読んで、「プリコミットメント論なんて新奇な説を利用しないで、従来どおり、九条の歴史的意義と理念の普遍性を語ればいいではないか」という感想を持った方がいるかもしれない。しかし、私がプリコミットメント論を魅力的だと思うのは、憲法を人為的な技術・装置とみて、硬性憲法(=立憲主義)の「効用」を合理的に議論するスタンスをとっているからである。現代日本の改憲論議の状況をみると、この思考方法は案外、重要なものかもしれない。

### †「パニック」と憲法

ところで、ジェレミー・ウォルドロンは、国民がパニックに陥った際に憲法的自己拘束が機能するのであれば、それをする合理的理由はあるのだろうが、アメリカの歴史をみる限り、憲法的自己拘束がとくに役に立たないのは、国民的パニックのまさにその瞬間であったと論じている(〔92〕二六七)。彼が例に挙げるのは、連邦最高裁が、第一次大戦中に反戦・反徴兵演説を理由にして社会党最高幹部をスパイ防止法で有罪としたデブス事件(一九一九年)と、太平洋戦争中に日系人の強制収容を容認したコレマツ事件(一九四四年)である。

しかし、「憲法解釈の方法としてのプリコミットメント論」という考え方からすれば、重要なのは、「パニックの瞬間」に憲法的自己拘束が機能するかという問題よりもむしろ、通常の政治過程における持続的で討議的な自己統治を確保することで、パニックが起こる蓋然性をどこまで最小化できるかという問題のほうである。また、憲法的自己拘束をしておけば、仮にパニックが起きた場合にも、それが「正真正銘の危機」なのかを、(少なくとも事後的には) 合理的に反省することが可能となろう。よって、平和・安全保障の問題についても、憲法的自己拘束を語る意味があると私は考える。

ところで、国民の間でも論争のある事項についてあまりに厳格な自己拘束をすると、国民が憲法に拘束されるという考え方自体に反発し、厳格な改正規定を変化に対する耐え難い障害と考える危険性があるとエルスターは論ずるが ([87] 九五―六)、現代日本の改憲をめぐる政治的言説の状況は、エルスターが懸念するとおりの状況にあるとの見方もできる。実際、政治学者の小林正弥は、絶対平和主義は「万一侵略された場合」への「現実的」な対応策を提示できないばかりに、改憲派による九条攻撃の材料となって、改憲の危険を高めていると論じている ([35] 一一九)。

たしかに、憲法九条は自衛のための実力組織の保持も禁止するという通説の立場 (=絶対平和主義) をプリコミットメント論にもとづいて擁護しようとする者にとっては、エルスターの議論は難問を提起する。他方、長谷部恭男は憲法九条の下でも、「専守防衛」のための実力組織の保持を容認するから（↓一五一頁）、エルスターの議論は彼にとって、九条をプリコミットメントの観点から説明するうえで必ずしも難問とはいえない。

ならば、プリコミットメント論の効用を認める私たちは、絶対平和主義を捨てて、長谷部の「穏和な平和主義」へと鞍替《くらが》えするべきなのだろうか。私はそうは思わない。しかし、この問題の考察は、第6章までしばしお待ちいただきたい。

# 第5章　神学論争を超えて?——改憲必要論のトレンドを読む

## †神学論争はもうやめよう!

荒畑君は、「憲法九条の下で無理に目先の軍事行動を正当化してきたから、九条論が神学論争になってしまった」と非難している(→二〇頁)。彼もなかなか隅におけない。どうも本山さんに負けないくらい流行に敏感なようだ。というのも、自衛隊の新たな任務の是非が問題となる場合に、それが合憲か違憲かという、そんな神学論争みたいに浮世離れした議論はやめて、もっと現実に即した議論をしようと呼びかける議論が最近、流行《はや》っているからである。お察しのとおり、この論法をとくにお好みなのが、小泉首相である。

たとえば、小泉首相は、テロ対策特措法が武器使用基準を緩和したため、自衛隊の携行する武器の範囲が問題となったところ、「もう神学論争をやめようと私は言いたいぐらいなんですよ。近くの仲間が危機に瀕《ひん》して、自然の常識で助けることができるんじゃないかと。その場合には、この武器はいけない、あの武器はいけないというよりも、最初から決まっているんだから、武力行使はしない、戦闘行為には参加しない、そこはもう常識でやりましょう」と論じ、その判断は現場の指揮官に委ねればいいではないかと答えている（衆院テロ特別委・二〇〇一年一〇月一一日）。

また、イラク特措法の制定の際には、「自衛隊が『非戦闘地域』で道路の補修や給水活動をするのであれば、わざわざ自衛隊を派遣するニーズがあるのか」との質問（民主党・末松義規議員）に対して、小泉首相は「非戦闘地域」だからといって、民間人が活動できるほど安全とは限らないという趣旨のことを述べたうえで、「戦争状態だからどこまで危険だと言えば、これはもう神学論争みたいになってしまって混乱しますが、……民間よりも自衛隊のほうがてきぱきとできる可能性がある」と答えている（衆院イラク特別委・二〇〇三年六月二五日）。

これらの答弁からすると、「非戦闘地域」と「戦闘地域」の区別を厳密に行う議論もたぶん、小泉首相によれば、神学論争なのだろう。「神学論争はやめよう」とさえいえば、相手の議論を封じ込めることができるのだから、まったく便利なフレーズである。

## †解釈改憲は最悪！

しかし、「荒畑君の主張は小泉首相と同じだ」と私がいったら、彼は静かに怒るだろう。なぜなら、荒畑君は次のように主張していたからである。解釈改憲の手法（↓六六頁）はもう限界にきており、九条はもはや軍事大国化の歯止めたりえないし、神学論争は「討議による民主主義」の理念を掘り崩す。そこで、「新しい九条」を定め、規範と現実をある程度、整合させる一方、軍事大国化を抑止するための法的統制・民主的統制を明確に規定しなおすべきだ。よって、九条改定をすべき十分な理由がある、と（↓一九頁）。

小泉首相はたぶん、「討議による民主主義などお笑い種《ぐさ》だ」と考えているだろうから、荒畑君が「小泉なんかと一緒にするな！」と怒るのはもっともである。しかし、私が注目したいのは、荒畑君が、「解釈改憲は最悪で、明文改憲のほうがまだましだ」という前提をとっていることのほうなのだ。この「解釈改憲最悪論」（渡辺治の秀逸なネーミング）は現在、改憲論議に関わる人びとの間でインフルエンザのように大流行している。

解釈改憲最悪論とは、九条の規定（＝理想）と現実が乖離《かいり》しているにもかかわらず、政府が解釈改憲でそれを糊塗《こと》してきたため、九条にかかわる議論は神学論争になってしまった。その結果、軍事に対する有効な歯止めができなくなったとか、「解釈の迷宮」に入り込んで、安全保障に関する実質的な議論ができなくなったなどと論じて、九条改定の必要性を論ずる議論である。興味深いのは、現代改憲を推進する側も、現代改憲に反対する（消極的な）側も一様に、「解釈改憲こそ最悪！」と論じたがる点である。

たとえば、改憲推進派の代表として、衆議院憲法調査会会長の中山太郎の議論をみてみよう。彼は「解釈改憲には限界がある。このまま解釈改憲を重ねてゆけば、問題点が複雑になり、ますます曖昧化し、歯止めもかからなくなってくる。平和の理念を厳守したうえで、現実に即した形で憲法を改正していく――それこそが平和憲法を護る本当の道だと思う」と論ずる（［49］一六八―九）。

他方、現代改憲に消極的な立場に立ちつつも、解釈改憲最悪論を論ずるのが天木直人である。五五年体制下の安全保障論議を「ながらく続いた不毛なイデオロギー論争」と呼ぶ天木は、「もはや憲法第九条は完全に形骸化してしまった。このような状態を放置しておくことは、法治国家としての日本をモラル・ハザードに追いこむばかりか、米国の軍事戦略に沿った日米同盟体制への果てしなき傾斜を、黙って許すことになる」と論ずる。彼はまた、「今や、平和憲法を守るためにこそ憲法改正が必要だという認識を持たねばならない時期にきている」と述べ、「われわれの手で憲法第九条を書き換え、牽強付会《けんきょうふかい》の余地のない条文を持った平和憲法を取り戻すべきときが来ているのだ」と論じて、「護憲的改憲論」の立場を明言する（[04]二三二―九）。

護憲的改憲論とは、平和主義・国民主権・立憲主義などの日本国憲法の理念を実現するために（あるいは、これ以上形骸化させないために）、明文改憲の必要性を論ずる議論である。護憲的改憲論を読むと、私は「退却」を「転進」と言い換えた大本営発表のエピソードを思い出すのだが、ともあれ、ここでは、改憲推進派の中山太郎と改憲消極派の天木直人がほぼ同じ議論をしている点に注目しておきたい。そして、荒畑君もほぼ同じ主張をしている。どうやら、彼も解釈改憲最悪論というインフルエンザに罹《かか》ったようだ。

ちなみに、朝日新聞の世論調査によると、二〇〇一年五月の調査では、七四%が憲法九条を支持するにもかかわらず、自衛隊を違憲と考える意見は一三%にとどまった。「憲法九条も、自衛隊も必要」という国民意識が表れたものと評価することができよう。興味深いのは、二〇〇四年五月の調査では、九条支持の意見が六〇%に低下した一方、自衛隊違憲論が二七%に増えたことである。自衛隊違憲論者が増えたことを呑気《のんき》に喜んではいられない。九条支持派が一四ポイント減少し、自衛隊違憲論が一四ポイント増加したことは、「解釈改憲をこれ以上続けるくらいなら、明文改憲をしてスッキリしよう」と考える解釈改憲最悪論の支持者が急増したと解釈するほうが現実的である。

## †胎児は人間か？

ところで、神学論争は本当に無意味なのか。小泉首相が「神学論争はやめよう」というとき、「低俗な政治の場面で高尚な議論はやめよう」といっているのではなく、「現実から遊離した言葉遊びのような議論はやめよう」といっているのだと理解できる。しかし、一見、現実から遊離した言葉遊びのような論争が、実はきわめて現実的な政治的・倫理的争点と関わっている場合もある。その好例が、「胎児は人間か？」という問題である。

「胎児は人間か？」と聞かれたら、君たちは何と答えるだろうか。出産間近のすでに人間のかたちをした胎児なら、多くの人が「それは人間だ」と答えるかもしれない。では、受精卵は人間か。妊娠一カ月ならどう？ 三カ月目を過ぎたら人間なのかな。

「そんなことどうでもいいでしょ」と君たちはいうかもしれない。しかし、たとえば、アメリカでは、「胎児は人間か？」という問題が真面目に議論されてきた。なぜなら、もし胎児が人間ならば、人工妊娠中絶は「胎児を殺す行為」と解釈できるので、中絶手術を行う医師を殺人罪で処罰できるかもしれないからである。

アメリカの連邦最高裁はロウ対ウェイド事件（一九七三年）において、女性の自己決定権（プライバシー権）の侵害を理由として、テキサス州の妊娠中絶禁止法を違憲無効とした。同判決は、胎児が母体外で生存可能となった時点以降は、母体の生命・健康を守るために必要な場合を除いて、州は中絶を禁止できるとしながらも、妊娠期間の最初の三分の一の時点までは、中絶をする自由を憲法上の権利として認めたのであった。

ロウ判決においてテキサス州は、「胎児は人間」であり、州は胎児の生命を保護する「やむにやまれぬ利益」を有すると主張していた。また、一九八一年に保守派のジェシー・ヘルムズ上院議員が提出した連邦法案は、受胎の瞬間から「人間の生命」が存在すると定めることで、ロウ判決を覆そうとするものだった(ただし、この目論みは失敗する)。

以上のとおり、「胎児は人間か?」という問いに対して、「イエス」と答えるか、「ノー」と答えるかによって、君たちは倫理的な選択をしたことになる。なぜなら、中絶手術を行う医師を殺人者として告発できるのは、胎児が人間だからであり、日本のある女性作家が、「日本軍が殺した人数などは、中絶によって殺される胎児の数とくらべれば、わずかなものだ」と嘯《うそぶ》くことができるのも、胎児を人間と考えるからである。

よって、中絶反対派に対して、「『胎児は人間か?』なんて問題は神学論争だ。そんな馬鹿げた議論はすぐやめよう」と訴えたところで、彼らがその問いを放棄するとは考えられない。当然である。この問いを放棄することは、中絶論争における中絶反対派の強力な「武器」を放棄することを意味する。

ちなみに、私自身は、中絶の可否を問う文脈で提起される「胎児は人間か?」という問いは、まったくの神学論争だと考えるので、こんな生産性のない議論はただちにやめるべきだと考えている。こう断言すると、中絶問題に関する私のスタンスがただちに判明することに、ぜひ注目してほしい。

## †古来の憲制論

ここで少々、政治思想学者としての知識をひけらかしておきたい。一七世紀のイギリスでインフルエンザのように蔓延した「古来の憲制論」について話そう。

ピューリタン革命の際、議会派(貴族院・庶民院)は国王に対抗するべく、自らの正統性を「議会を通じて具体化される政治共同体」に求めた。そのため、内乱が進行していくに従って、急進派は選挙にもとづく正統性(庶民院)の優越を論じるにいたる。このような展開に反発したのが、かつては議会派の論客として国王に対峙したウィリアム・プリンだった。彼は庶民院の優位を主張する議論に対抗して、国王と貴族院のほうが「歴史的に古い」から、両者は庶民院を統制する立場にあると論じた。

プリンの主張の問題性は、彼が庶民院の成立時期を一二六五年に求めたことにある。この数字にどんな意味があるのか。イギリス法(コモン・ロー)には、「法的記憶」という考え方がある。この考え方によると、「記憶以後」の法や制度は国王の主権的意思によって改変可能だが、「記憶以前」の法や制度は改変できないものとされる。たとえば、一七世紀前半の憲法闘争において、エドワード・クックに代表される議会派の法律家が、伸張する国王大権に対抗するべく訴えたのが、「記憶以前の法」という観念だった。この「法的記憶」の起算点は、リチャードI世の即位の日（一一八九年九月三日）に設定されている。よって、庶民院の起源を「一二六五年」に設定したプリンの主張は、国王と貴族院は「記憶以前」からの存在だが、庶民院だけは違うというものだった。

現代から振り返ると、どうでもいい問題に思えるが、当時の政治家（コモン・ローに精通した法律家が多い）は、庶民院が国王・貴族院と同格のパートナーであることを主張するためには、庶民院が国王や貴族院と同様に「古来性」を有するものであることを論証しなければならないと考えるようになった。王政復古（一六六〇年）から名誉革命（一六八八年）までの政治論議を貧困化させた古来の憲制論の蔓延は、ここに端を発するものだった。古来の憲制論とは、庶民院と貴族院から成る議会の特権は「記憶以前」からのものなので、国王がこれを侵害することは許されないと論ずる議論である。

古来の憲制論に関する古典的研究の著者である、J・G・A・ポーコックの指摘によれば、ウィッグ派（王政復古後の議会派＝反国王派）のイデオローグの一人は古来の憲制論に訴えて国王主権を否定することに急なあまり、「有史以来常に議会は存在し続けた」とする粗野なドグマさえも主張した。このような政治言説空間の下では、ロバート・ブレイディによる実証的なイギリス中世史研究が決定的な政治的意味を持ってしまう。彼の研究によって、「記憶以前からの議会の特権」というウィッグ派の主張は掘り崩されてしまうからである（[89] 二〇二―三五）。

さて、ここで君たちに考えてほしい。君たちがウィッグ派だったら、「古来の憲制論なんて神学論争だから、もうやめよう」といわれて、「そうですね」と答えるだろうか。もちろん、古来の憲制論よりも有効な議会擁護論を発見した後ならば、「そうですね」と答えるのは賢明な態度である。しかし、有効な選択肢も見出せないまま、古来の憲制論を放棄するならば、それは政治的にはあまりにも愚かな選択であろう。

世の中にはイデオロギーを本気で信じてしまう人もいるので、「議会は有史以来存在する」と本気で考えていた人もいたのかもしれない。しかし、私はわりとイデオロギーに対して不感症なほうなので、当時の多くの人びとは古来の憲制論の馬鹿らしさに気づきつつも、その実践的機能に注目して、この議論にお付き合いしていたのだと考えたい。だから、私も当時のウィッグ派の一員ならば、名誉革命によって政治的な決着をみるか、ジョン・ロックが『統治二論』を書いて、この問題に関する決定的な理論的解答を出すまでは、

「古来の憲制」論にお付き合いしただろうと思う。

「神学論争はやめよう」と国王派（トーリー派）がいったって、聞く耳は持たないぞ！

## †武器使用の問題

神学論争をやめるべきか否かは、具体的な政治状況の下で、自分がいずれの立場に立っているかによって決まる。そのような背景を一切説明せずに、「神学論争をやめよう」と主張する人は、実質的な議論もせずに、自分に有利なかたちで政治決着を図ろうと悪巧みをしていると考えたほうがいい。たとえば、一二〇頁で紹介した、自衛隊員の携行する武器の範囲に関する小泉答弁の背景を解説してみよう。まず、その前提を説明しておく。

自衛隊の海外派兵体制構築の出発点となったPKO等協力法の時点では、海外で活動する自衛官による「武器の使用」を各人の正当防衛から正当化していた（一九九一年九月二七日、政府統一見解）。各人が自己の生命・身体を守るための武器使用なので、憲法九条一項の禁止する「武力の行使」にあたらないと説明したわけだ。

しかし、個々の隊員が正当防衛として武器使用をするならば、各人の判断で発砲することになる。指揮官の命令もなしに発砲する軍隊なんて、近代軍隊としてはかなり珍妙な軍隊だ。そこで、政府は、現場における上官の判断で個々の隊員の持つ権限を「束ねる」かたちで武器を使用するという含蓄に富んだ（意味がわからない？）正当化をしてみせた（一九九一年九月二五日、衆院PKO特別委での池田行彦防衛庁長官の答弁）。

「まさにこれこそ神学論争だ」というなかれ。武器の使用に関して、政府が苦しい説明をすればするほど、現地の司令官は武器使用に禁欲的になるはずだし、安易に武器使用ができないのであれば、危険な地域での危険な活動に従事することも難しくなる。神学論争の背景には、実践的な政治的選択が控えている。この点をぜひ忘れないでほしい。

では、小泉答弁の背景を説明しよう。周辺事態法（一九九九年）では、「自己又は自己と共に当該職務に従事する者の生命又は身体の防護」のために武器使用を認めていた。ところが、テロ対策特別措置法（二〇〇一年）はこの武器使用基準を緩和し、「その職務を行うに伴い自己の管理の下に入った者の生命又は身体の防護」のためにも武器を使用できると定めたため（一二条）、自衛隊が携行できる武器の内容が問題となった。

というのも、「自己又は自己と共に当該職務に従事する者」の防護のためならば、戦闘の現場から速やかに離脱することによって、武器の使用を抑制できるが、「自己の管理の下に入った者」を防護するということは、野戦病院や難民キャンプなどを面として防衛することになるため、自衛隊が本格的な戦闘行動に立ち入らざるをえなくなる蓋然性が高まる。この場合、憲法九条一項の禁止する「武力の行使」におよぶ可能性が高い。

ただし、携行する武器を限定すれば（すなわち、本格的な戦闘行動を遂行しうる武器を携行しなければ）、自衛隊は防護する対象を精選するだろう。自らの戦闘力で防護できない対象をあえて防護しようとはしないはずだ。他方、携行する武器が強力であればあるほど、防護可能な対象も拡大し、その結果として本格的な戦闘行動におよぶ可能性も高まるだろう。実際、二〇〇一年九月二一日深夜、自衛隊幹部等が安倍晋三官房副長官（当時）の自宅を訪ね、「危険な場所」への派遣の「代償」として武器使用の制限の緩和を求めたと伝えられている（[58] 四六）。

## †神学論争をやめるべきか

第3章で説明したとおり、軍事法制の整備に関する「思惑」の二つめ、すなわち、日本企業が特殊な権益を持つ地域の安定のための軍事的プレゼンスの確保を実現するためには、自衛隊が海外での武力行使の実績を積み重ねる必要がある（↓八五頁）。そして、自衛隊が携行する武器を拡大すれば、この課題を達成できる可能性も高まる。現在では覚えている人も少ないと思うが、興味深い事実を紹介しよう。

テロ対策特措法の「武器使用の拡大」に平仄《ひょうそく》を合わせるかたちで、二〇〇一年一二月一四日にPKO等協力法が改正された（二四条）。ところが、二〇〇二年二月九日に早くも、防衛族の山崎拓自民党幹事長と中谷元防衛庁長官（いずれも当時）がある会談において、ＰＫＯ等協力法の武器使用の条件を「国際標準」に見合ったものにするための再改正（自己防護に限らず任務遂行のための武器使用を認め、要人や他国部隊を駆けつけて守る「警護任務」を可能にするなど）に合意した（朝日新聞二〇〇二年二月一〇日朝刊）。

このＰＫＯ等協力法の改正が実現すれば、次は同法に「平仄を合わせる」かたちで、テロ対策特措法のほうを改正する腹積もりだったのだろう。まったく姑息《こそく》なやり方だが、この「武器使用の拡大」という問題が馬鹿にできないのは、武器使用の拡大によって自衛隊は危険な地域への出動や危険な任務の担当が可能になり、そこでの武器使用の実績を積むことで、集団的自衛権行使の既成事実をつくる可能性があるからだ。

既成事実をつくれば、政府解釈はそれを正当化するためにさらに無理をする。すると、神学論争はますます混迷を深めることになる。そうしたら、「神学論争はもうやめよう！」という主張が、さらにもっともらしくなる。

よって、問題は「神学論争をやめるか否か」ではなく、自衛隊の海外での軍事行動を広く容認するか否かである。政府の九条解釈を厳密に分析する研究を積み重ねてきた浦田一郎は、政府の憲法解釈は「憲法九条とその下で成立した世論や学説と、安保・自衛隊の現実のあいだにあって、軍事力の展開を正当化すると同時に、それに一定の制約を課してきた」と評価している（［16］五五）。神学論争をやめてしまえば、この「一定の制約」をも解除することになる。本当にそれでよいのか。問題はそこにある。

### †共犯関係

しかし、荒畑君はこう不満を述べるかもしれない。「先生の話を聞いて、神学論争に意味がある場合もあることは納得しました。けれども、これ以上、解釈改憲を続けると、討議を通じた民主主義という理念を掘り崩すし、規範と現実の乖離がさらに進めば、国民の間に、法治主義や立憲主義へのシニシズムが広がると思います。だったら、明文改憲をして、規範と現実の乖離を縮小し、これ以上の軍事大国化に対する歯止めを新たに置くべきではないでしょうか。私の主張のこの部分について、先生はまだ何も応答していません」。もっともな批判である。荒畑君の主張のうち、この護憲的改憲論にあたる部分への応答は次章で行う。本章では、「神学論争批判はともあれ、解釈改憲最悪論には傾聴すべき内容があるはずだ」という荒畑君の意見について、若干のコメントをしておきたい。

「神学論争をやめよう」という議論は、政府解釈を骨抜きにして解釈改憲をさらに進めることで、軍事法制の整備に関する支配層の「思惑」を実現する手法だといえる。前述したとおり、内閣法制局が長年かけて構築してきた九条解釈の体系を論理的に壊すのはなかなか容易ではない（↓九四頁）。そこで、論理的に対抗するのを諦めて、「神学論争はやめよう」と論じて、この問題に不案内な人びとの直感に訴えることで、内閣法制局の解釈の積み重ねを一気に爆破しようとする手法である。妙なネーミングだが、「法解釈をする気のない解釈改憲論」と呼べるだろう。要するに「なんでもあり」の解釈改憲論である。

他方、解釈改憲最悪論は、神学論争をこれ以上続けるべきではないので、明文改憲をすべきと論ずる議論である。この意味で、神学論争批判と解釈改憲最悪論は「神学論争はやめよう」という主張を共有していながらも、その処方箋は一見、正反対である。前者は解釈改憲を提唱し、後者は明文改憲を提唱するのだから。

しかし、すでに指摘したとおり、軍事大国化を熱望する人びとは、解釈改憲のさらなる濫用と明文改憲の実現という二兎を追っている（↓八四頁）。よって、現代改憲状況の下では、神学論争批判と解釈改憲最悪論は共犯関係にある。この点を強調しておきたい。

では、なぜ神学論争批判や解釈改憲最悪論のような改憲必要論が流行るのだろうか。その理由は、改憲派が直面しているジレンマと関連すると私はみている。

## †九条改定論のジレンマ

集団的自衛権の行使をテコにして海外での軍事行動を実現するためには、日本としてはアメリカの驥尾《きび》に付していくしかない。しかし、イラク戦争以後のアメリカに日本政府が盲従することを国民が喜んで受け入れるのだろうか。

「対米協調」を根拠にした九条改定を憲法改正国民投票にかければ、改憲派の目論みはついえるおそれもある。実際、朝日新聞二〇〇四年五月一日朝刊掲載の世論調査によれば、改憲賛成が五三％にのぼったが、九条改定賛成派は三一％にとどまり、反対派の六〇％を大きく下回った。改憲にすこぶる熱心な読売新聞の調査でさえ、九条改定賛成派（四四％）と反対派（四七％）は拮抗しており、集団的自衛権行使のための改憲に賛成する意見は三〇％にとどまる（［76］四五〇）。

日本経済新聞二〇〇四年九月六日朝刊に掲載された世論調査では、イラク戦争の進展（＝情勢の泥沼化）にともなって改憲賛成の意見は漸減《ぜんげん》しており、二〇〇〇年四月の調査では六割に達していた改憲賛成派がその調査では四九％まで減っている。とくに注目されるのが、従来の調査では改憲派が五～六割を占めていた二〇歳代が、その調査では改憲派が前回（二〇〇四年四月）よりも一〇ポイントも低い四六％にとどまり、逆に護憲派が各世代で最も高い四〇％にのぼったという点である。

前述したとおり、九条改定の「欲望」がリアルだからこそ、憲法改正国民投票での勝利を計算しなければならない改憲派は、世論の動向を勘案しつつ、九条改定に煙幕を張ろうとする。たとえば、「憲法全体の再調整」を「国民主権の行使」の観点から正当化しつつ、その一環として九条にも手をつけるという議論の仕方がその一例である（↓一一六頁）。経済同友会の「憲法問題調査会意見書」（二〇〇三年四月）は冒頭、「われわれは、日本の国民がこれまで、自らの意志で憲法を作り、必要に応じてこれを改正するという、最も重要な形での国民主権の行使をしてこなかったことこそが、憲法に関わる最大の問題だと考える」と論じるが、この論法が典型的である。

また、時代に即して憲法を見直すべきという論法も同様に、九条改定問題を後景に退けて、「憲法全体の再調整」の中で九条改定を実現しようとする議論といえる。自民党「改憲大綱」は冒頭、「日本国憲法施行後六〇年近くを経た内外の諸情勢の変化等にかんがみるとき、これからの我が国の進むべき方向性を指し示した新たな国家像を、国家の基本法であり、国民自らが制定する『憲法』の中にこそ盛り込むべきではないか」と論じるが、この論法が典型的である。

しかし、この「憲法全体の再調整」という正当化論では、改憲派にとっては肝心要《かなめ》の九条改定がなおざりにされてしまうおそれがある。本山さんには悪いが、環境権やプライバシー権など「新しい人権」の規定を創設するだけでは、憲法改正という莫大なエネルギーを費消する政治課題を遂行する意味はないだろう。実際、第7章でみるとおり、自民党

「新憲法草案」では、「新しい人権」は看板倒れに終わっている。

また、「憲法全体の再調整=全面改正」という手法は時間がかかるので、国民の改憲を容認する気分が薄れないうちに(「9・11事件」の余韻が残っているうちに?)、自民・民主の両党が合意でき、国民の過半数が賛成してくれそうな規定の改正から着手すべきという議論も出てくる。しかし、この「現実路線」の議論にも、改憲派の思惑からすれば、難点がないわけではない。

たとえば、ある座談会で英正道(鹿島建設常任顧問)が、はじめから全面改正を求めるのではなく、国民の間に大きな意見の不一致のない問題についての改正から着手すべきという「段階的改憲論」ともいうべき意見を述べたところ、山崎拓(自民党憲法調査会特別顧問=当時)は、「新しい人権」のように容易なところから改正していくという手法では、肝心要の九条改定が難しくなるとの懸念を示した(「57」三八—四〇)。

### †解釈改憲最悪論の効用?

解釈改憲最悪論は、憲法九条の改定によって何を実現したいのかという問題はともあれ、現在の規範と現実の乖離を放置するのは最悪なので、九条を改定しようと論ずることで、この「九条改定のジレンマ」を回避しようと目論む戦略と理解できる。先に引用したように、中山太郎が「このまま解釈改憲を重ねてゆけば、問題点が複雑になり、ますます曖昧化し、歯止めもかからなくなってくる」（↓一二三頁）と論じたり、自民党「新憲法草案」作成の中心人物である舛添要一が、「うそをつくのはやめようということでね、F15戦闘機やイージス艦を持つ自衛隊は軍隊ですよ」（↓七九頁）と論ずる理由も、この文脈で理解できる。改憲派にとっての解釈改憲最悪論の効用は、九条改定の目的を隠したまま、国民の同意を調達できるかもしれない点にある。

長谷部恭男は、「憲法の文言を変えること自体に意味があるかのような振りをするのはやめて、文言を変えたその結果はどうなるのか、というあまり面白くはないが、肝心な問題に注意を向けるべきときが、そろそろきているように思われる」（[56] 一四）と述べるが、このあまりに当然な議論が、九条改定推進派に対する痛烈な批判になってしまう、現在の政治イデオロギー状況を正確に読みとる必要がある。

それでも、荒畑君は反論するだろう。「だからこそ、これ以上の軍事大国化を止めるという明確な目的をもって、九条改定を行うべきなんです」。私はどうも賛成しかねる。では、そろそろ、「護憲的改憲論」の検討に入ろう。そうしないと、「静かな荒畑君」が荒っぽくなりそうな雰囲気だしね。

第6章

# 九条論の構造転換？――最近の九条論を読む

## †九条論の貧困と盛況

私のみるところ、改憲派の憲法九条論は、それが研究者によってとなえられている場合でも、学問的な検討に値する議論は少ない。改憲派の研究者にしてみれば、九条改定の必要性を理論的に正当化するよりも、①九条の「非現実性」を論難して自衛隊を「正真正銘の軍隊」として認知させ、さらに、②内閣法制局による九条解釈を神学論争と論難して、集団的自衛権行使を正当化するほうが得策だからだろう。

第5章でも指摘したとおり、解釈改憲最悪論が流行る理由は、実際に九条改定を進める側が、それを正当化する魅力的なイデオロギーを生み出せていないからだと理解できる。

ただし、改憲派における「九条論の貧困」というこの状況は、九条改定が現実味を帯びてきたことの現れでもある。なぜなら、改憲派としてみれば、明文改憲が現実味を帯びた現在、必要なのは、政党間での妥協が可能で、国民の反発を最小限に抑えられる九条改定案であって、理論的に魅力的な九条論（あるいは九条改定論）ではないからである。

他方、現在の改憲動向に対しては一定の批判的スタンスをとりながらも、従来の九条擁護論とは一線を画そうとする議論が最近、ぞくぞくと現れてきている。このような九条論を便宜上、「非護憲派の九条論」と呼ぶことにしよう。

## †非護憲派の九条論

非護憲派の九条論の潮流は大きく分けると、次の二つに分けることができるだろう。第一の潮流は、平和主義・国民主権・立憲主義などの日本国憲法の理念を実現するために（あるいは、これ以上形骸化させないために）、明文改憲の必要性を論ずる議論である。このような議論を便宜上、「広義の護憲的改憲論」と呼ぶことにしよう。第二の潮流は、現行九条の下でも「専守防衛」の自衛隊は合憲であると論じて、九条改定に反対する議論である。このような議論を便宜上、「専守防衛容認論」と呼ぶことにしよう。

広義の護憲的改憲論にはいくつかのバリエーションがある。

①端的に九条の理念を実現するために九条を改定せよと主張する「護憲的改憲論」。荒

畑君の意見には、このタイプの護憲的改憲論が含まれている（↓一九頁）。

②国民主権の立場から、護憲派も改憲論議を「タブー」とせずに、憲法改正国民投票の勝負を積極的に受けて立つべきだと論ずる議論。この議論は政策決定を一部の政治家・官僚に委ねてきた従来の日本の政治のあり方に対する批判としての性格を有しており、官僚批判を信条とする「市民派」の間に一定の共鳴板を持っているものと推測される。ちなみに、この手の議論をしているのは金山君である（↓二四頁）。

③立憲主義との関係で九条改定の必要性を論ずる議論。たとえば、憲法学者の高橋和之はある対談において、憲法学が自衛隊違憲論に固執した結果、憲法と現実の乖離は当然との意識が蔓延し、立憲主義の定着が阻害されたのではないかとの問題提起を行っている（［03］一七―八）。最近では、法哲学者の井上達夫が立憲主義の価値を重視する立場から、「九条は固守するのでも改正するのでもなく、端的に削除すべきである」というラディカルな議論を展開している。

本章では、①について、大沼保昭の議論を、②について、今井《いまい》一の議論を、③について、井上達夫の議論を取り上げて、批判的に検討する。

次に、専守防衛容認論を検討する視点を明らかにしたい。専守防衛容認論を好意的に評価するならば、解釈改憲最悪論というインフルエンザに罹った国民の世論動向（↓一二四頁）をふまえつつ、自衛隊を「正真正銘の軍隊」として海外派兵するための明文改憲には反対する、実践的な議論といえる。

「墨守非攻論」をとなえる小林正弥の議論などはその性格が濃厚である。また、長谷部恭男は独特な立憲主義理解から、非武装平和主義（＝絶対平和主義）は立憲主義と矛盾すると論じ、自衛のための実力組織の保持は九条に違反しないと論ずるが、彼の「穏和な平和主義」論も実践的には、専守防衛容認論として機能するものと評価できるだろう。しかし、小林や長谷部の議論は本当に改憲派の「思惑」の実現を困難にする議論なのか。本章では、この点を検証してみたい。

### †大沼保昭の「護憲的改憲論」

大沼保昭によれば、「九条に関して政府は日本の軍事力、安全保障政策という実態からあまりに乖離した憲法の理念を『解釈』で取り繕う手法を重ねてきており、それはすでに憲法という国家の基本法の軽視とシニシズムを生み出す危険水域に入っている」。このような事態が放置されれば、国民の憲法への信頼と尊重は完全に失われ、その結果、二一世紀の日本は法や規範へのシニシズムやニヒリズムが蔓延する社会になるおそれがあると彼は論ずる。大沼が解釈改憲最悪論をとっていることに注目しておこう。

では、平和主義の理念を活かすと称する護憲的改憲論の中身はどんなものだろうか。大沼は、国連安保理の決定・要請・授権のある「国際公共的な安全保障行動」に積極的に参加するための改憲の必要性を長年の持論として明言するほか、一定の躊躇《ちゅうちょ》を示しながらも、集団的自衛権の行使と在外国民保護のための限定的な武力行使を合憲とするための改憲を提言している（［20］一五七―八）。

しかし、このような内容の改憲案をも護憲的改憲と呼ぶのであれば、現代の改憲構想の中で、護憲的改憲に該当しないものを探すほうが難しいのではないか。結局のところ、大沼の議論は、海外での武力行使に踏み切るべきとの実践的判断を前提にしながらも、解釈改憲では法規範へのシニシズムが蔓延するので明文改憲の手法をとるべきだが、押しつけ憲法論のような復古的改憲とは一線を画し、明文改憲に対するアジア諸国の反発をやわらげるために、護憲的改憲という論じ方が必要だ、という議論であると解される。よって、「護憲的」というレトリックの部分を除けば、生粋の九条改定論である。

大沼の議論は現代の改憲派の「思惑」のほとんどを実現するから、大沼流の「護憲的改憲」が実現すれば、軍事大国化を推進する勢力は当分の間、解釈改憲を利用しないで済むのかもしれない。他方、改憲派の「欲望」に対して一定の歯止めをかける「新しい九条」が制定された場合（仮に荒畑君の議論がそのようなものだとしよう）、「新しい九条」の下で改めて解釈改憲がくり返されないという保証がどこにあるのだろうか。

　現在の九条の下で文言や論理を無視して解釈改憲をしてきた政府が、「新しい九条」の下では解釈改憲をしないとなぜいえるのか。「自ら制定した憲法なら、政府は守るはずだ」と考えるのは、あまりにロマンチックである。私のみるところ、荒畑君は、九条改定に対する改憲派の「思惑・欲望」を十分シリアスに受け止めていない。

　関連して付言しておきたい。大沼はある対談において、現在の政治状況の下での改憲は危険すぎるとの情勢判断を示しながらも、自説は二〇一〇年から三〇年のスパンの「息の長い議論」なので、あえてこの時期（二〇〇四年）に公表した旨のことを述べている（［21］一五一―二）。しかし、改憲派における九条改定の欲望はシリアスかつリアルである。よって、現実政治の観点からみれば、大沼のこの態度は少々無責任だと私は思う。

### †今井一の「憲法九条国民投票論」

　今井一によれば、国会の中では九条の解釈をめぐって「解釈合戦」を続けているが、議員や官僚など少数の人間による「事務的な処理」に委ねていると、なし崩し的に「有事法制」が布《し》かれたり、「集団的自衛権の行使」が認められたりして、その結果、九条を含む日本国憲法が「機能停止」になるおそれもあると論ずる。今井も解釈改憲最悪論をとっていることにまず注目しよう。この状況に対して今井が示す処方箋が、九条改定の是非を問う国民投票の実施である（［11］一八―九）。

今井は「国民投票で勝利して決着をつける」のではなく、「国民投票をやらせないことで九条を護る」護憲派の立場は、「国家意思を決定するという主権者の最も大切な権利を疎外する」と批判する。そして九条改定の是非を問う国民投票は、「蔓延する観客民主主義を超える絶好の機会にもなる」との期待を述べる。

その際、今井は、改憲反対派が多数を占めても、現状のまま九条と自衛隊の乖離が残るのでは公平さに欠けるから、九条改定案が承認されなかった場合、自衛隊を国境警備隊や災害救助隊に改組することや、日米安保条約を段階的に解消するなどの「約束」を政府（＝改憲派）は掲げたうえで、国民投票を行うべきと論ずる（［11］一二四―四一）。

しかし、今井は憲法改正国民投票が任意のものではなく、憲法上必須のものであることを軽視している。今井が関わってきた住民投票は本来、法的には政策決定の要件ではない。それにもかかわらず、住民パワーを背景にして、行政がいやがる住民投票を実施することで、民意を行政まで伝えようとする試みである。私も、このような住民投票運動の意義を認めるのにやぶさかではない。

しかし、改憲派にとって憲法改正国民投票はクリアすべきハードルにすぎず、民意を問うための機会ではない。憲法九六条一項が改憲の手続上の要件として国民投票による過半数の承認を求めているから、改憲派は嫌も応もなく、粛々《しゅくしゅく》と国民投票を行うだけである。欧州憲法の批准を拒否したフランスとオランダの国民投票を現地で目撃した中山太郎や保岡興治（自民党憲法調査会長＝当時）が、どれほど「国民投票は怖い」と思っても（中日新聞二〇〇五年六月九日朝刊）、国民投票を回避することは許されない。回避すれば、改憲は実現しないのだから。

よって、改憲を目論む政府が、今井の期待する「約束」をする可能性は著しく低いとみるほうが現実的である。政府は国民投票に負けても、解釈改憲によって可能な限りの軍事大国化を目論むことだろう。もちろん、今井も、改憲派がこのような「約束」をしないまま、国民投票を行う可能性が高いことを認めてはいる。しかし、「約束」がなくとも、九条改定反対派が勝利すれば、その国民投票をきっかけに自衛隊は縮小の方向に向かうだろうという希望的観測を述べて、国民投票を行う意義はあると結論する（[12] 九一）。

本当だろうか。私が首相ならば、国民投票を前にして、今井の期待する「穏当な約束」などせず、「改憲案が承認されない場合、国民は憲法九条の文言を支持したと解されるので、自衛隊をただちに解散し、日米安保条約を即時廃棄せざるをえなくなる」と「過激な訴え」をするだろう。世論調査をみる限り、まだ多数を占める「憲法九条も、自衛隊も必要」と考える人びとを改憲賛成派に引きずり込むための戦術である。九条改定が成功する可能性は高まるだろう。

他方、万が一、改憲反対派が勝利した場合には、私はその責任をとって、内閣総辞職をする。次期の内閣は、先の「過激な訴え」を「狩田首相の個人的パフォーマンス」と評して、改憲派の「思惑」を可能な限り実現するべく、従前どおり解釈改憲に邁進するだろう。第3章でも指摘したとおり、彼らは解釈改憲と明文改憲の二兎を追っているのだから。

今井の想定するシナリオと、私が想定するシナリオとで、どちらが現実的かは読者の判断に委ねたい。ただし、現在もなお、九条にはさまざまな効用があると考える立場からすると、なぜ改憲のリスクを進んで引き受ける必要があるのか、理解に苦しむというほかない。金山君については、「彼はギャンブル好きだからなぁ」と容易に納得できるのだが。

## †井上達夫の「九条二項削除論」

憲法九条と自衛隊・日米安保の乖離に関して、憲法学者が「憲法変遷論」をとってその現実を合憲化するのではなく、九条が自衛隊と安保に違憲の刻印を押し続けてきたからこそ、さらなる軍事大国化に対する歯止めとなってきたと論ずる点を井上達夫は厳しく批判する。この議論は現状を追認しつつ、その下で安全保障便益を享受しながら、「九条がなければ、もっとひどいことになっていた」と論ずることで、現実を嫌々ながらも受け入れる倫理的責任を放棄する無責任な立場（倫理的タダ乗り）だと井上は難ずる。

さらに井上は、現実の肯定的受容などしていないと護憲派が反論するのであれば、自衛隊・安保条約の違憲性を明文化するように九条を改正する「九条原理主義的改憲」の政治運動をなぜ推進しないのだと詰問する。井上によれば、九条は護憲派を「倫理的タダ乗り」の欺瞞に導くと同時に、政府与党による解釈改憲の実践を跋扈《ばっこ》させることで、日本における立憲主義の確立と発展を阻んできた。よって、「九条は固守するのでも改正するのでもなく、端的に削除すべきである」と井上は論ずる。これは、安全保障の問題を全面的に民主過程に委ねるべきとの主張である（［10］二二一―四）。

井上の議論に対してはひとまず、九条改定の問題はあくまでも政治問題であって、倫理問題ではないと答えておこう。私にとって九条改定の問題は、現代改憲の「思惑」との関係で、その改憲に賛成するか否かという問題である。「九条原理主義的改憲」については、今井一の「憲法九条国民投票」に対する私の批判の再読を乞《こ》う。

ところで、井上は自説の「九条削除論」を改憲・護憲を超える「第三の道」であるかのように論じるが、これはまったくの勘違いである。改憲派の「思惑」からすれば、九条全面削除が最も望ましい。しかし、国民世論や民主党・公明党との関係で、九条一項を維持して「平和国家」の建前を残そうと考えるからこそ、改憲論者は集団的自衛権行使を明文で定めるか、「自衛軍」という文言を入れて解釈で処理するかといった九条「改正」問題を議論せざるをえない。井上自身の意図はともあれ、改憲派が現実政治のしがらみの中で言い出せない九条削除論を、彼は自由な立場から提唱しているにすぎない。

それにしても、九条の下でも民主過程では止められなかった「対米追随」の軍事大国化路線を、九条を削除すれば、なぜ民主過程によって抑止しうると考えるのか。たぶん、井上もそんなことを考えているわけではなく、単にこの問題に関心がないのだろう。井上は、自衛隊・安保条約の廃棄を民主過程で実現しようとする運動への傍観者的な敬意を表するのみで、後は安全保障問題について民主過程で論議すべき論点を挙げるだけである〔10〕二四)。よって、井上の議論の核心は、九条を削除すれば、日本にも立憲主義が定着するという「期待」のほうにあるといえよう。

しかし、この「期待」こそ、私には最も理解しがたいものである。たとえば、東京電力OL殺害事件に関して、最高裁は無罪判決を受けた不法在留外国人の勾留を認めた(二〇〇〇年六月二七日)。不法在留外国人が第一審で無罪判決を受けると、彼はただちに強制送還されるから、検察側は控訴して無罪判決をひっくり返すことができなくなる。検察側とすれば、それは困るのだろう。しかし、樋口陽一もいうとおり、「困る」からといって、法律の根拠もなしに無罪判決を受けた人間を監獄に連れ戻すことを認めたら、「立憲主義」も「法治国家」もあったものではない（[60]一九七）。

では、もしこの時点で九条が改定済みだったなら、最高裁は勾留を認めない決定を下したのだろうか。私は疑わしいと思う。また、くり返しになるが、九条改定論議が高まる現在の日本は同時に、イラク派兵に反対するビラを自衛官官舎に配っただけで逮捕され、七五日間も勾留される社会であり、卒業式で「日の丸・君が代」の強制を批判する記事を配ったら、「威力業務妨害罪」で起訴されかねない社会である。九条改定が実現されれば、このような社会状況が少しでも変わるというのか。どこにそんな保証があるのか。

### †長谷部恭男の「穏和な平和主義」

長谷部恭男は近年、絶対平和主義は個人に「善き生」を強要するものであり、「善に対する正義の優位」を核心とする「立憲主義＝リベラリズム」と緊張関係にあるとの独特な理解に立って、自衛のための必要最小限度の実力組織の保持を認める九条解釈（穏和な平和主義）を提唱している（[54]一二八―六八）。

ところで、長谷部の「穏和な平和主義」は、一切の軍備の放棄を明文で定める憲法九条の文言に違反するのではないかとの疑問がある。長谷部は九条を「準則 rule」ではなく、

「原理 principle」ととらえることで、この問題をクリアする。

ここでいう「準則」とは、「ある問題に対する答えを一義的に決める法規範」であり、「原理」とは、「答えをある方向へと導く力として働くにとどまる法規範」である。たとえば、道路の通行方向は「準則」だが、表現の自由の保障は「原理」である。表現の自由が憲法上保障されたからといって、他人の名誉やプライバシーを侵害する表現活動にいたるまで、一切の表現活動が保障されるわけではない。同様に九条も「原理」と考えれば、絶対平和主義のような一義的結論を「正解」とする必要はないことになる。

注目したいのは、長谷部の議論は実践的には九条改定論を批判する論理としても機能する点である。彼の議論は、九条を「原理」ととらえることで、「九条も自衛隊も必要」と考える多くの国民に対して、九条改定が不要であることを納得させる機能も有している。解釈改憲では「思惑」を実現できないからこそ、改憲派が九条の明文改憲を求めているとすれば（→九三頁）、長谷部の議論は改憲派にとって思わぬ障害となる可能性もある。

ただし、九条を「原理」ととらえる長谷部の議論について、二点だけ疑問を提示しておきたい。

第一の疑問は、長谷部が依拠したと推測されるロナルド・ドゥオーキンは、「準則」と区別される「広義の原理」を、さらに「狭義の原理」と「政策」とに区別している点と関わる。ドゥオーキンによれば、「政策」は到達目標を提示するタイプの規準であり、「狭義の原理」は義務論的な規準である（［48］一四―二二）。表現の自由とプライバシーの関係を考える際に念頭に置かれているのは、「狭義の原理」のほうである。そして、多数決ではなく法の解釈と適用によって問題を解決する裁判（司法過程）の場合、「狭義の原理」と「政策」の区別は維持できるが、政策の是非を最終的には多数決で決める議会（政治過程）の場合、「狭義の原理」と「政策」の区別は相対化される。九条は主に政治過程に関わる条文なので、九条を「原理」ととらえると、九条の規制力は「政策」のレベルまで、すなわち、「政治的マニフェスト」にまで弱まるおそれがある。

　たしかに、長谷部自身は九条を「政策」ととらえる見方をとっていない（［55］六七―七二）。しかし、長谷部の論理展開は緻密《ちみつ》かつ難解なため、日本経済新聞政治部長の芹川洋一のように、長谷部が九条を「政策」ととらえていると誤解して、長谷部の議論を好意的に評価する改憲派の論客もいる（［41］一九七―二〇〇）。勝手に誤解したのだから、長谷部自身の責任ではないのかもしれないが、少なくとも、そのような「誤解」を招きやすい議論だとはいえるだろう。

　第二の問題点に移ろう。九条が「準則」と了解されているからこそ、実際の政治過程で九条が「原理」として機能するという側面を軽視すべきではない。政府解釈は九条二項との関係で、憲法によっても制約できない「自然権としての自衛権」という観念を持ち出したからこそ、その説明では正当化しがたい自衛隊の海外派兵や集団的自衛権の行使を正当化できなかった。よって、政府が九条を「準則」と解してきたからこそ、九条は海外派兵の禁止や集団的自衛権行使の禁止を導き出す「原理」として機能したとみることができる。

### †小林正弥の「墨守非攻論」

「9・11事件」以後の日本の論壇において、平和主義の立場から自衛隊の海外派兵に反対する論陣を張っている代表的知識人の一人が小林正弥である。小林は「公共哲学」という学問の垣根を越えた知的ネットワークの構築も推進しており、その「公共哲学」の観点から、平和の問題について理論的・実践的な問題提起を行っている（[34]）。小林の議論の特徴は、侵略戦争という「絶対悪」を否定するために、「専守防衛」のための実力組織（＝自衛隊）の必要性を率直に認める点にある（墨守論）。他方、憲法の平和主義の核心は他国を侵略しない点にあると小林は考える（非攻論）。

この「墨守非攻論」は、小林の現状認識にもとづいている。「9・11事件」以後の戦争批判の課題は、アメリカ主導の「対テロ戦争」をいかに抑止するか（日本の問題としては、自衛隊の海外派兵をいかに止めるか）という点にある。絶対平和主義が「対テロ戦争」を批判するのは論理的には容易だし、「思想的には魅力的でも、少なくとも当面は人々への説得力に乏しい」と小林は判断する。また、絶対平和主義は、「万一侵略された場合」への「現実的」な対応策を提示できないばかりに、改憲派による九条攻撃の材料となって、改憲の危険を高めている。そこで、「現時点では、自衛隊廃止よりも、改憲による平和憲法の廃棄を阻止することに議論の主眼を移すべきである」と小林は論じる（[35]一一九―二〇）。

小林の議論は一般国民への説得力をも考慮に入れた実践性という点において、一定の評価に値する議論といえよう。しかし、少なくとも憲法解釈論としては、長谷部の議論よりも難点が多いと私は考える。というのも、小林が自説の正当化のために、「芦田修正」を持ち出すからである。

憲法九条二項に「前項の目的を達するため」という文言を挿入した当の芦田均《ひとし》が、日本国憲法制定後、この「芦田修正」を利用して、日本国憲法は自衛のための軍事力の保持を禁止していないと主張した事実がある。小林は芦田修正を好意的に援用し、九条を「墨守非攻」の条項と読む。彼はその際、芦田の「隠された意図」を論ずる進藤榮一《えいいち》の見解に賛意を表明する（[35]一二一―三）。九条解釈に芦田修正を援用することの当否はすぐ後で検討するが、その前に、芦田修正の利用に反対すべき実践的な理由を述べておきたい。

芦田修正の利用に私が反対するのは、絶対平和主義的に解釈された九条が「準則」として理解されてきたからこそ（そして、その解釈を支持する政党と市民が戦後政治の中で一定の力を持っていたからこそ）、自衛隊の海外派兵の禁止や集団的自衛権行使の禁止という規準を導き出す「原理」として機能したという問題を、小林が軽視しているからである。

小林説によるならば、冷戦期の自衛隊も合憲になるはずだ。ならば、八〇年代の対ソ脅威論をテコにした軍備増強をどう評価するのか。冷戦が終わって戦争の形態が変わったから、自衛のための軍隊が正当化されるというのでは、まるで話が逆転している。また、自衛のための軍隊を認めるのであれば、秋山昌廣（元防衛庁事務次官）の議論のように、シーレーン防衛をエネルギー安保の観点から正当化することも可能になるだろう（朝日新聞二〇〇四年七月二三日朝刊）。

九条二項の「抑止力」を解除する芦田修正の利用は、自衛隊の海外派兵を抑制するための有効な論理を提供しないと私は診断する。「反テロ戦争」に狂奔するアメリカとそれに追随する日本政府を批判し、現代改憲に反対する小林の実践的な理論活動には心から敬意を表したい。しかし、その論理に重大な問題があることを指摘しないわけにもいかないだろう。

## †「芦田修正」の問題点

では、九条解釈に芦田修正を利用することの是非について考えてみよう。

古関彰一は、衆議院帝国憲法改正案委員小委員会(芦田委員会)の秘密会の議事録が公表された現在、「芦田修正」を自衛戦力合憲論の根拠とする議論は成立しないと論ずる(〔31〕二三六―八)。他方、進藤榮一はGHQや法制官僚の議論と絡めつつ、制憲過程における芦田の「思考」を回復し、自衛権と自衛力の保持の可能性を残すという芦田の「隠れた意図」をあぶり出す(〔39〕二一四―三五)。

制憲史に関して素人の私が読んだ印象では、古関は資料を客観的に解読するのを旨とするが、進藤はより広く、当時の国際政治や思想潮流をふまえて資料に解釈を施すことが多い。もちろん、芦田の「意図」に関する古関と進藤のいずれの歴史解釈が正しいのか、私には判断しかねる。ただし、憲法解釈の問題として考える場合、進藤の議論をとるべき理由はほとんどないと考える。

まず問いたい。そもそもなぜ、芦田の「隠された意図」が制憲者意思として尊重されるのか。進藤の歴史解釈が妥当だとしても、制憲議会で自説を開陳せず、批判者からの攻撃を回避した芦田の「意図」を、制憲者意思に措定することはできないのではないか。野坂参三の質問に対して、吉田茂首相が「自衛戦争も放棄した」と答弁したことは前述した(→六〇頁)。この吉田の「公にされた答弁」と芦田の「隠された意図」とを前にして、芦田の「隠された意図」を優先すべき理由がどこにあるのか。

さらに、そもそも論を述べれば、憲法条文の意味を確定するうえで、制憲者の意思が決定的だとは必ずしもいえない。たとえば、第5章で取り上げた(→一二五頁)、妊娠中絶を禁止する州法を連邦憲法第一四修正違反と判示したロウ判決を批判する際の常套句《じょうとうく》は、「第一四修正を制定した制憲者たちは妊娠中絶の権利など認める意図はなかった」というものである。実際、アメリカ各州で中絶禁止法が矢継ぎ早に制定されたのは、まさに第一四修正が制定された時期、すなわち、南北戦争後の約一〇年間のことである([22]一三)。これはかなりの傍証といえるだろう。では、一九七三年においても、連邦最高裁は百年前の制憲者意思に従って、妊娠中絶を処罰する州法を合憲とすべきだったのか。

### †おじさん的思考?

非護憲派の九条論は活況を呈している。それぞれの主張はそれぞれに興味深く、勉強になるところも多い。しかし、私はここで取り上げた九条論をすべて批判した。そのことに気づいた千種君が、びっくりした顔で質問する。「先生、もしかして、絶対平和主義の立場なんですか？　そんなの非現実的ですよ！」。

そのとおり。私は、憲法九条（とくに二項）は一切の軍事力の放棄を定めており、その結果、自衛隊は違憲の存在であると考えている。この立場（絶対平和主義）が非現実的か否かという点は、第8章で議論することにして、ここでは、内田樹《たつる》の議論の紹介と検討をしておきたい。

内田は、「戦争をしないはずの軍隊」が莫大な国家予算を費やすことに国民があまり反対しないのは、憲法九条の「重し」が利いているからであると論ずる。それなのに、「武装国家」か「非武装国家」かの二者択一しかないと考えるのは、「子ども」の主張である。「大人」はそんなことを考えないと内田は述べる。

内田によれば、「憲法九条のリアリティは自衛隊に支えられており、自衛隊の正統性は憲法九条の『封印』によって担保されている」。九条のおかげで、自衛隊は侵略的な軍隊になるおそれがないし、自衛隊が認められるなら、九条を維持したほうが賢明だと考えるのが、「おじさん的」思考である。そして、内田は、この憲法九条と自衛隊の「双子的制度」は、「アメリカのイニシアティヴのもとに戦後日本社会が狡知《こうち》をこらして作り上げた『歴史上もっとも巧妙な政治的妥協』の一つである」と評価する（［14］二三一―二三二）。

この内田の九条論は悪くないと思う。本章で紹介したどの九条論よりも、私は魅力を感じる。私も「武装国家」と「非武装国家」の二者択一しかないと考えるのは、偽の問題設定だと考える。特定の条件の下で、可能な限り、「武力によらない平和」を実現するにはどうすればよいのか。そのために、憲法九条には意義があるのか、それともないのか。私が関心を持つのはこの問題である（だけである）。

### †狩田教授、絶対平和主義を擁護する

しかし、だからこそ、九条は絶対平和主義的に解釈されるべきだと私は考える。憲法九条がその出発点から、自衛隊との相互依存性を容認する内田流の「おじさん的」思考で理解されていたら、彼のいう「巧妙な政治的妥協」など存在しなかったのではないか。戦後の政府解釈は、自衛戦争をも放棄したと述べる吉田首相の——まったく「おじさん的」ではない——答弁から出発した。政府解釈がここから出発したからこそ、少なくとも現在まで、憲法九条は「軍事的なるもの」に対する一応の「封印」たりえたのではないか。「巧妙な政治的妥協」も勝手にできたわけではないし、日米の支配層が率先して「狡知をこらした」わけでもない（→六六頁）。古関彰一も指摘するとおり、安保条約にせよ（砂川事件）、自衛隊にせよ（恵庭《えにわ》事件）、初期の違憲訴訟はいずれも、国側が自衛隊法などによって反対派を裁こうとして始まったものだ（［31］一九七）。俗な言い方をすれば、護憲派

にとっては「売られた喧嘩」である。政府は別に「狡知をこらす」意図などなかったのだ。
この点で、樋口陽一の次の指摘は重要である（[59]一二九）。

戦後憲法学は「非現実的」という非難に耐えながら、その解釈論を維持してきた。……その際、過小に見てならないのは、そういう「非現実的」な解釈論があり、また、それと同じ見地に立つ政治的・社会的勢力……があったからこそ、その抑止力の効果を含めて、現在かくあるような「現実」が形成されてきたのだ、という事実である。

この「事実」を軽視する九条論は、決して現代改憲に対する有効な対抗理論とはなりえない。私はそう考える。

第7章 自民党の「新憲法草案」——どこが問題か、なぜ問題か

## †「サロン談義」ではない

第3章で詳述したとおり、現代改憲の目的の核心は憲法九条の改定にある。具体的には、九条二項を削除して自衛隊を「正真正銘の軍隊」としたうえで、その「自衛軍」の海外派兵を可能にすることが課題とされている。よって、現代改憲への賛否を決める際のポイントは、九条問題だと私は考える。

ところが、本山さんは、私のようなとらえ方に不満なようだ。さまざまな改憲案の中には、「新しい人権」規定の新設や憲法裁判所の設置のように、魅力的な改憲構想も示されていると彼女は評価するからである（↓二二一頁）。「改憲問題といえば、九条問題」と考えて、ただちに改憲に反対する人びとの態度を、本山さんは「古い」と思っている。

しかし、本当に「新しい」か、「古い」かの問題なのだろうか。「国民の合意がとりやすい部分から改憲すべき」という英正道の「段階的改憲論」に対して、山崎拓が、「新しい人権」のように容易な部分から改正していく手法では、肝心要の九条改定が難しくなる、との懸念を示したエピソードはすでに紹介した（↓一三八頁）。そこで、ここでは、別の例を挙げてみよう。

小泉首相が就任後初の記者会見において、「首相公選制のためにだけ憲法改正をやるなら国民から理解されやすい」と述べ、この問題に限定して憲法改正をすべきだとの見解を示す一方、九条改定について「いま政治課題にのせるのは難しい」と述べたところ（二〇〇一年四月二七日）、その一週間後、憲法記念日の読売新聞は「まず集団的自衛権で決断せよ」と題する社説を掲載して、改憲のテーマを首相公選制に限定しようとする小泉首相の方針に苦言を呈した。ちなみに、これから検討する自民党「新憲法草案」は、首相公選制の問題に一切触れていない。首相公選論は、「小泉人気」に便乗して明文改憲を実現するための「撒き餌《まえ》」にすぎなかったことが、これで明らかになったといえそうである。

本山さんは現代改憲を取り巻く改憲派の「思惑」について、あまりにもナイーブだと私は考える。樋口陽一は、「サロン談義のなかでそれぞれが理想の憲法像を出し合うのが、いまの問題ではないはずです。改憲論をめぐる争いは、その社会のその時点での、最高の政治的選択なのです。どんな人たちが何をしたくてそれぞれの主張をしているのかを見きわめたうえで、賛否を決めるべき政治課題なのです」と述べている（[28]三）。私も彼の意見に賛成である。本山さんには、この点に注意して改憲の是非を考えてほしい。

では、私たちも以上の点に留意しつつ、今後の改憲論議において、政党間の交渉の「たたき台」になるものと思われる、自民党の「新憲法草案」を検討することにしよう。

## †「新憲法草案」をどう読むべきか

二〇〇五年一〇月二八日、自民党の「新憲法草案」の内容が明らかになった。ひと言で評するならば、翌朝の朝日新聞が指摘したとおり、「改憲狙い現実路線」をとった改憲案ということができるだろう。同紙の記事によれば、有力な自民党議員は「他党への配慮」を口にしているようだが、改憲を本気で考えるのであれば、当然である。なぜなら、民主党の協力がない限り、改憲案を発議する見込みさえ覚束ないからだ。

二〇〇五年八月の「郵政解散」にともなう「9・11総選挙」での圧勝によって、自公政権は衆議院で改憲案の発議に必要な三分の二以上の議席を確保した。しかし、参議院はそのような状況にはない。三年に一回、半分ずつ改選される参議院の場合（次の通常選挙は二〇〇七年）、数年以内にこの状況を変えることはかなり難しい。

そのため、自民党の改憲構想はわずかな期間のうちに、「現実化・穏健化」した。たとえば、二〇〇四年六月に公表された「論点整理」には、「婚姻・家族における両性平等の規定（現憲法二四条）は、家族や共同体の価値を重視する観点から見直すべきである」というように、自民党改憲派の「復古的」な性格を露骨に示す提言が含まれていた。しかし、「新憲法草案」は二四条の字句に最小限度の訂正をしただけで、その内容には一切手をつけていない。

この二四条見直し論は、自民党改憲派の「復古的」な性格を露骨に示すものとして、多くの批判が寄せられた。そのためだろう。「復古的」と呼ばれないようにいじらしいほどの努力をした（らしい）、「改憲大綱」において早々と、二四条見直し論は撤回された。もし暇があれば、「改憲大綱」の「はじめに」だけでも読んでみてほしい。わずかな分量の文章の中で、「復古的」と誤解されないようにすべきと二度も警告し、「新しい憲法」であることを何度も強調している。「いじらしい」というより、「いじましい」というべきか。

九条改定の論点に関して「改憲大綱」は、理念を定める「第四章　平和主義及び国際協調」とは別立てで、「第八章　国家緊急事態及び自衛軍」と題する章を新設し、その中で、「個別的又は集団的自衛権を行使するための必要最小限度の戦力を保持する組織」として「自衛軍」を設置すると定め、集団的自衛権の行使に踏み切る意欲を堂々と示していた。

ところが、「新憲法草案」は、集団的自衛権の明文化もあっさりとあきらめている。

また、「論点整理」では、日本の歴史・伝統・文化などをふまえた「国柄」を前文に盛り込むことで、「国民の中に自然と『愛国心』が芽生えてくる」ことを期待していたし、二〇〇五年四月の「新憲法起草委要綱」(以下、「要綱」と呼ぶ)でも、「現行憲法に欠けている日本の国土、自然、歴史、文化など、国の生成発展についての記述を加え、国民が誇り得る前文とする」とされていた。しかし、「新憲法草案」の前文には、「愛国心」という言葉もなければ、このような「国柄」を示す文言もない。「日本国民は、帰属する国や社会を愛情と責任感と気概をもって自ら守る責務を共有し」という、ワンマン社長の会社の社訓のように説教くさい一節があるだけだ(↓一七三頁)。

「国体の復活に執念を燃やす年寄りや右翼が怒るような改正案をあえて最終段階に発表するということは、それだけ自民党が憲法改正に本気であることを意味する」と山口二郎は述べるが(〔71〕八)、この見方こそ、「草案」を読む際の不可欠な「心得」だと私は考える。

## †「新憲法草案」の特徴

「新憲法草案」は現行憲法の全面改正を目論むものだが、その内容の多くは瑣末《さまつ》な字句の修正である。また、憲法六九条の定める場合（衆議院による内閣不信任案の可決あるいは信任案の否決）以外の衆議院の解散に関する定めのように、現在の慣行で処理できる事柄を明文化しただけのものもある（五四条一項。ただし、解散の決定権を憲法上、内閣総理大臣に帰属させるのは問題である。決定権は内閣に属するとすべきである）。

首相公選制も採用されていなければ、憲法裁判所の設置も含まれていない。一時期、騒がしく論じられたこれらの改憲案が、改憲気運を高めるためのアドバルーンにすぎなかったことが、これで完全に明らかになったといえよう。

「新しい人権」もそのアドバルーンの一つであった。「新憲法草案」にも、「新しい人権」に関する規定は一応あるが、これは「看板倒れ」だったと評価すべきだろう。ちなみに、衆議院憲法調査会報告書を報じた朝日新聞二〇〇五年四月一五日付夕刊の記事は、「改正の方向、不明確」との見出しをつけ、「新しい人権の創設などでは多数意見とされる項目も多いが、九条や憲法改正要件などについては改正の方向性を明確に打ち出すには至らなかった」と論評していた。ところが、「新憲法草案」では逆に、「新しい人権」が「看板倒れ」になる一方、九条と憲法改正要件については、政党間の妥協の可能性と国民投票での勝利を目論んだ「現実的」な改憲案が示されている。このように、改憲の方向はすこぶる明確だし、改憲派も「サロン談義」をする気などさらさらないのだ。

## †看板倒れの「新しい人権」

たとえば、プライバシー権を定めた一九条の二が、住基ネットや監視カメラの違憲性の根拠になるのであれば、これを新設する意味もあろうが、人権の総則的規定である一二条・一三条が、「公益及び公秩序」の名の下に人権制約が可能と定めているのだから、一九条の二に期待をかけることはできまい。現行の「公共の福祉」があいまいだからという理由で、「公益及び公秩序」を人権制約原理にしたのであれば、従来よりも容易に人権制約を可能にすることが目的のはずだ（実際、「要綱」は明快にそう論じている）。他方、立法論の場面でメディアの取材の自由を制約する根拠として、一九条の二が援用されるおそれがある。ならば、このような「新しい人権」を新設する必要はないというべきだろう。

プライバシー権や肖像権など、日本国憲法が明文で保障していない「新しい人権」は、自由権的性格の強いものは人権の総則的規定である一三条で、国家の作為を求める社会権的性格の強いもの（たとえば環境権）は二五条などで保障できると考えるのが学説の立場であり、判例も一応、この立場をとっている（肖像権を認めた判決として、最高裁大法廷判決〔＝最大判〕一九六九年一二月二四日・判例時報五七七号）。よって、現在の判例・学説を前提にすれば、「新しい人権」を新設する実践的意義はわずかである。

「犯罪被害者の権利」（二五条の三）も、「知的財産権」（二九条二項）も、立法的な解決なしには無意味な条文であるし、立法的解決があれば、あえて憲法に書き込む必要の少ない条文である。

前者についていえば、最高裁は憲法二五条の生存権を「プログラム規定」と解しており、生活保護法などの立法措置がなければ、個人は自らの生存に必要な給付を求める権利を有さないとしている（朝日訴訟。最大判一九六七年五月二四日・判例時報四八一号）。要するに、憲法二五条の保障内容は立法次第というのが、裁判所の基本的な考え方である。よって、人権の法的性格からしても、条文の置かれた場所から判断しても、「犯罪被害者の権利」も同じ扱いを受けることになるだろう。ならば、必要なのは、「犯罪被害者の権利」を憲法の条文に書き込むことではなく、犯罪被害者の苦境を改善するための具体的な立法を行うことである。

よって、「犯罪被害者の権利」を憲法上の権利とした「新憲法草案」二五条の三は、単に犯罪被害者等基本法（二〇〇四年一二月制定）を追認するだけのものに終わるだろう。だったら、わざわざ改憲までして新設する意味がどこにあるのか。他方、「日本国憲法は被疑者・被告人の権利ばかり保障して、アンバランスだ」との考え方に立って、「犯罪被害者の権利」を憲法上の権利として新設するとすれば、それは被疑者・被告人の権利保障を弱めるために利用される悪質なイデオロギーになる。ならば、「百害あって一利なし」というべきであろう。

「環境権」にいたっては、「権利」でさえなく、国家の「責務」にすぎない（二五条の二）。政府は現行の環境法制をもって、すでにその「責務」を果たしていると嘯くことができよう。「国は、国政上の行為につき国民に説明する責務を負う」と定める二一条の二も同様に、現行の情報公開法制を根拠づけるだけだろう。ならば、これらの「新しい人権」の規定を新設することに、実際上の意味はほとんどない。

そもそも、環境基本法や情報公開法を制定する際、市民運動の側が「環境権」や「知る権利」を条文に盛り込むことを要求したら、権利内容が不明確だとの理由で「新しい人権」の採用を見送った連中が、今度は「新しい人権を憲法に書き込もう」と騒いでいる状況に対しては、不信感を持つのが賢明な市民の態度とはいえまいか。本山さん、どう思います？

**†愚策としての政教分離緩和**

「新憲法草案」の中でとくに問題なのが、政教分離を緩和するための二〇条三項の改定である。この改定の目的が、内閣総理大臣等の靖国神社公式参拝を合憲とすることにあるのは、あらためて論ずるまでもあるまい。「要綱」は、国などの参加が許される「一定の宗教的活動」の例として、「地鎮祭への関与や公金による玉串料支出、公務員等の殉職に伴う葬儀等への公金支出」を挙げていた。靖国神社公式参拝を明言しない点がいやらしいが、「公金による玉串料支出」は明らかに、公式参拝を念頭に置いたものである。

「新憲法草案」二〇条三項は、「国及び公共団体は、社会的儀礼又は習俗的行為の範囲を超える宗教教育その他の宗教的活動であって、宗教的意義を有し、特定の宗教に対する援助、助長若しくは促進又は圧迫若しくは干渉となるようなものを行ってはならない」と規定する。ずいぶんと読みにくく、格好の悪い条文を新設したものだが、これは最高裁が津《つ》地鎮祭《じちんさい》事件（最大判一九七七年七月一三日・判例時報八五五号）において、政教分離違反を判定するための基準として定式化した「目的効果基準」を条文化したものである。

とはいえ、「目的効果基準」によれば、公式参拝が合憲になるとは限らない。実際、小泉首相の公式参拝を違憲と判示した大阪高裁判決（二〇〇五年九月三〇日）は、「目的効果基準」に照らしてそう判断したのである。また、最高裁も、靖国神社と護国神社が境内において挙行した恒例の宗教上の祭祀に対して、県知事が公金を支出したことは、「目的効果基準」に照らして違憲であると判示している（愛媛県玉串料訴訟。最大判一九九七年四月二日・判例時報一六〇一号）。以上のとおり、「目的効果基準」を明文化したから当然に、靖国神社公式参拝が合憲となるわけではない。

ならば、「新憲法草案」は、対立する解釈を許すあいまいな規定をわざわざ新設することになる。こんな愚かしい行為があろうか。「新憲法草案」二〇条三項が、小泉首相が二〇〇五年一〇月一七日に行ったような、ふらっと靖国神社に立ち寄り、本殿への昇殿もせず、拝殿でポケットマネーを投げるような参拝ではなく、一九八五年に中曽根首相が行った程度の「公式参拝」を合憲とするものであるならば、国民に改憲の是非を問う以上、そのことを明確に示すべきである。

他方、そのような内容の改定であるとすれば、現実政治の観点からみて、著しく愚かな選択といえる。九条を改定して「正真正銘の軍隊」を海外派兵することを可能にしておきながら、A級戦犯が合祀《ごうし》されている靖国神社への公式参拝を可能にするための改憲も同時に行うというのでは、韓国・中国の政府・国民を刺戟《しげき》しないはずがない。国民一人ひとりの「安全・安心」の確保こそ、国家の最も基本的な役割と考えるのであれば、近隣諸国との間で信頼関係を醸成する契機を根こそぎ奪う改憲案は、あまりにも無責任というべきである。

また、無宗教の国立戦没者追悼施設の建設をうながすために自民・公明・民主三党の有志が「国立追悼施設を考える会」という議員連盟を立ち上げたが（二〇〇五年一一月九日）、「新憲法草案」二〇条三項は、このような運動を妨害するために援用されることだろう。そんな条項を設ける必要性がどこにあるのか。ともあれ、政教分離を緩和する改憲案の当否は、以上の点をふまえて考える必要がある。

### †歴史の忘却

ここで前文をみてみたい。「要綱」は「前文作成の指針」の一つとして、現行憲法の前文が「翻訳調、生硬、難解であるのに対し、新たな前文は正しい日本語で、平易でありながら一定の格調を持った文章とする」ことを挙げていた。そのわりには、「新憲法草案」の前文は味気のない文章だ。全文を引用してみよう。

日本国民は、自らの意思と決意に基づき、主権者として、ここに新しい憲法を制定する。

象徴天皇制は、これを維持する。また、国民主権と民主主義、自由主義と基本的人権の尊重及び平和主義と国際協調主義の基本原則は、不変の価値として継承する。

日本国民は、帰属する国や社会を愛情と責任感と気概をもって自ら支え守る責務を共有し、自由かつ公正で活力ある社会の発展と国民福祉の充実を図り、教育の振興と文化の創造及び地方自治の発展を重視する。

日本国民は、正義と秩序を基調とする国際平和を誠実に願い、他国とともにその実現のため、協力し合う。国際社会において、価値観の多様性を認めつつ、圧政や人権侵害を根絶させるため、不断の努力を行う。

日本国民は、自然との共生を信条に、自国のみならずかけがえのない地球の環境を守るため、力を尽くす。


この程度の文章が、「平易でありながら一定の格調を持った文章」ならば、学生が提出するレポートのほとんどは、「一定の格調」を持っていたことになる。どうやら、私の採点は、今までちょっと厳しすぎたようだ。ただし、「新憲法草案」前文の問題点は、文体よりも中身のほうにある。この前文からは、現行憲法の前文に示された国際的な観点に立つ歴史認識や、それにもとづく国家理念が完全に失われているからだ。

「歴史認識」の問題についていえば、現行憲法前文の「政府の行為によつて再び戦争の惨禍が起ることのないやうにすることを決意し」という一節や、「平和を愛する諸国民の公正と信義に信頼して、われらの安全と生存を保持しようと決意した」という一節は、一五年戦争における自国の過ちを率直に認め、その真摯な反省にもとづいて新たな国家建設を国際社会に約束するものだった。だからこそ、「日本国民は、国家の名誉にかけ、全力をあげてこの崇高な理想と目的を達成することを誓ふ」という前文末尾の一文が、格調高い響きを持つ。

もちろん、現行憲法前文の「歴史認識」は、「戦勝国の押しつけ」だと改憲派はいいたいのかもしれない。ならば、国際社会に向けて、はっきりとそういうべきだろう。そうすれば、国民の間でも、「新憲法草案」への賛否を議論しやすくなる。しかし、「新憲法草案」は何らの「歴史認識」も語ろうとしない。一切の「歴史認識」を欠いたまま、「日本国民は、自らの意思と決意に基づき、主権者として、ここに新しい憲法を制定する」と宣言するのみだ。

二〇〇五年の春、韓国・中国を中心に「反日運動」のうねりが広がった。私たちにとって「過去」の問題が、隣人にとっても「過去」の問題だとは限らない。東アジアに位置する国家の主権者として、私たちが「新憲法」をつくるのであれば、「歴史認識」の問題を軽視すべきではないだろう。ともあれ、歴史を忘却した「主権者」が無邪気に「意思と決意」を語る姿は、ちょっとぞっとさせられる。その「意思と決意」にもとづいて、海外で武力行使をできる「自衛軍」を創設し、同時に靖国神社公式参拝も合憲にするというのだから、なおさらである。

## †理念の喪失

「国家理念」についていえば、現行憲法の前文には、「われらは、平和を維持し、専制と隷従、圧迫と偏狭を地上から永遠に除去しようと努めてゐる国際社会において、名誉ある地位を占めたいと思ふ。われらは、全世界の国民が、ひとしく恐怖と欠乏から免かれ、平和のうちに生存する権利を有することを確認する」という格調高い一節がある。後段に示された「平和的生存権」という考え方は、平和の問題を個人の人権の観点からとらえなおすことによって、従来の国家中心の安全保障観を根本的に転換し、さらに、戦争の原因を貧困や人権侵害に求める点において、いわゆる「人間の安全保障」という考え方を先どりしたものであった。

「人間の安全保障」とは、国連開発計画(UNDP)の「人間開発報告書一九九四年」において示された考え方である。同報告書によれば、国境に対する脅威への対処をもっぱら考える伝統的な発想では、現在の人びとの生活を脅かすさまざまな脅威に対する有効な対処をすることはできない。今日、人びとが求めているのは、安定した雇用、所得、健康、犯罪からの安全などであるが、人類の大多数について、この安全が脅かされている。それなのに、「国家の安全保障」は、これらの脅威に対して無力である。「人間の安全保障」という考え方の重要性は、新しい世界社会憲章の制定や、南北間の開発協力に関する人間開発・発展協定の締結などの政策提言にみられるように、グローバル市場経済に対する一定の「緩衝材」を置くことで、(国家ではなく)個人の「安全・安心」を高めるという発想にある(［68］一六八―七四)。

「人間の安全保障」という考え方は、日本の外交政策の一つの柱となっているが、その理解は表層的である。南北問題のさらなる深刻化や「破綻《はたん》国家」の出現といったグローバル市場経済の急速な展開を原因とする「脅威」の問題は、ODAで対処すれば十分と考えている節がある。また、「9・11事件」以後の「テロの脅威」を「人間の安全保障」の最重要課題であるかのように語ることで、結局は軍事力に依存する「国家の安全保障」を強化する口実に使われるおそれもある。「人間の安全保障」という政策提言が、従来の安全保障観を根本的に転換させるためには、日本国憲法の前文に示された「平和的生存権」という考え方に基礎を置く必要がある(［17］六三―七)。

ところが、「新憲法草案」では、この「平和的生存権」が完全に削除されて、「日本国民は、正義と秩序を基調とする国際平和を誠実に願い、他国とともにその実現のため、協力し合う。国際社会において、価値観の多様性を認めつつ、圧政や人権侵害を根絶するため、不断の努力を行う」と述べるのみである。「平和的生存権」との関係が失われれば、「圧政や人権侵害を根絶する」という目的は、あのイラク戦争への加担を正当化する理屈でしかない。

戦争の口実であったはずの大量破壊兵器の存在を証明できなかったアメリカは（二〇〇五年一二月一四日、ブッシュ大統領さえもそのことを公式に認めた）、それにもかかわらず、「圧政」を行うフセイン政権の転覆（＝イラクの民主化）を旗印にして、イラク戦争を開始した。このような「戦争」が次々と現れたら、最上敏樹が憂慮するとおり、「戦争違法化」の流れの中で合法的な「武力行使」を限定してきた、「二〇世紀初頭以来の国際法の蓄積は粉々にされてしまうだろう」（［69］一〇―一二）。

「新憲法草案」前文は、「二〇世紀初頭以来の国際法の蓄積」を一切顧慮せずに、「対米追随」に邁進することを宣言している。「新憲法草案」において失われた「国家理念」は、二一世紀の国際社会にとって大きな損失といえそうである。

## †九条改定の内容

平和の問題に関する現行憲法の構造は、前述した前文の理念と決意を具体化するために、九条二項において、一切の軍備を放棄し、交戦権を否認するというものである。あらためて確認しておくが、九条二項の厳格な「禁止」の下で、政府が自衛隊を正当化しようとしてきたからこそ、解釈改憲が濫用されたにもかかわらず、「軍事的なるもの」に対するさまざまな歯止めが行われてきた。たとえば、「自然権としての自衛権」という論理で自衛隊を正当化してきたからこそ、日本の安全とは無関係に海外での武力行使を可能にする集団的自衛権について政府は、「国際法上有するが、憲法上行使できない」と説明するほかなかったのである（↓九〇頁）。

他方、「新憲法草案」が前文で提示した「理念」は、国連決議の有無を問わず、アメリカに追随して、アメリカが時宜に応じて一方的に認定する「ならず者国家」、「悪の枢軸」、そして「圧政の拠点」に対する「戦争」に加担するという、日本の「意思と決意」である。この「意思と決意」にもとづいて、現行九条二項は完全に削除され、代わりに「九条の二」として、次の内容の条文が新設される。

第九条の二　①我が国の平和と独立並びに国及び国民の安全を確保するため、内閣総理大臣を最高指揮権者とする自衛軍を保持する。

②自衛軍は、前項の規定による任務を遂行するための活動を行うにつき、法律の定めるところにより、国会の承認その他の統制に服する。

③自衛軍は、第一項の規定による任務を遂行するための活動のほか、法律の定める

ところにより、国際社会の平和と安全を確保するために国際的に協調して行われる活動及び緊急事態における公の秩序を維持し、又は国民の生命若しくは自由を守るための活動を行うことができる。

④前二項に定めるもののほか、自衛軍の組織及び統制に関する事項は、法律で定める。

「自衛隊」を「自衛軍」に変えたことの意味と問題点はすでに論じた（↓七九頁）。そこで論じたとおり、仮に今回のイラク派遣が「自衛軍」として行われていたならば、米軍や英軍と同じ行動をとったはずだ。ともあれ、「新憲法草案」九条の二は、国連決議の有無にかかわりなく、日本独自の判断で（その判断の中身が「対米追随」であることは端からわかっているのだが）、自衛軍を海外派兵できる規定になっている。

二〇〇五年一二月の時点でのイラク駐留米軍の死者数は二一〇〇人に達したという。ブッシュ政権のイラク政策に対して米議会が不満を募らせていると最近、報じられるが、その際、ブッシュ大統領が返す言葉は、「開戦の際、民主党議員だって賛成したではないか」という、「子どもの喧嘩」のような「反論」である（朝日新聞二〇〇五年一一月一九日朝刊）。こんな指導者が起こした戦争で死ぬことを、「犬死」というのだろう。

このような現状をみるにつけ、「政府の行為によつて再び戦争の惨禍が起る」のを防ぐために国民主権を採用したと宣言する、現行憲法前文の卓見にあらためて感服する。「新憲法草案」はこの「卓見」を削除したわけだが、これも、「新憲法草案」の「時代認識・歴史認識」がいかに浅薄であるかの一例である。

ところで、「新憲法草案」九条の二は集団的自衛権の行使について、明示的には何も語っていない。しかし、政府が「集団的自衛権行使の禁止」という解釈を示してきたのは、現行九条二項との関係を説明するためだった。よって、「新憲法草案」九条の二の下、政府は「集団的自衛権行使は合憲である」と主張するだろう。もちろん、公明党の協力を得つつ、明文改憲を実現するために、改憲のプロセスにおいて自民党は、集団的自衛権の問題をあいまいにしたまま、九条二項の削除と九条の二の新設を目論むかもしれない。しかし、いったん九条改定が実現すれば、このような「配慮」は不要となろう。

このような九条改定は何をもたらすのか。九条改定がもたらす「惨禍」を測定するには、逆に、「憲法九条を護ることにどんな効用があるのか」という問題を考えるのが有効である。この考察は、第8章で行うことにしたい。

## †改憲要件の緩和

現行憲法は各議院の総議員の三分の二以上の賛成で改憲を発議できると定めているが、「新憲法草案」はこれを過半数に変更しようとしている（九六条一項）。現行九六条の要件があまりに厳格なので、日本国憲法は「不磨の大典」になってしまったと難ずる論者もいるが、この議論は中選挙区制の下ではともかく、小選挙区制中心の現在の選挙制度の下では、ほとんど説得力がない。「9・11総選挙」で明らかになったとおり、状況次第では、一つの政党が三分の二の議席を占めることも可能である。

こういうと、「参議院がネックになる」と改憲派は応ずるかもしれないが、ならば逆に問いたい。そんな簡単に改正できるならば、わざわざ硬性憲法をつくる意味がどこにあるのかと。両議院の過半数による発議と国民投票による承認という、改憲のすべてのステージで「51％の勝利」を可能にする「新憲法草案」の改憲手続は、少数者の人権保障こそ立憲主義の真髄と考える私の立場からみると、最悪の組み合わせというほかない。

自民党が両院の過半数の議席を占めるのは難しくない。逆に、常態とさえいえるだろう。ならば、小泉首相のような人物が自分の望む改憲の実現に有利な状況を選んで、強力な党議拘束をかけて迅速に改憲の発議を行い（両議院の過半数ならば、野党との調整は不要）、そのうえで国民投票にかけたらどうだろうか。政府連立与党側の「国民投票法案骨子」では、改憲案を発議した日から最短三〇日間で国民投票にかけることができる。政府は一時的な国民意識を利用して、思いどおりの改憲ができるようになる。しかし、このような権力の暴走にストップをかけるために憲法を制定するというのが、近代市民革命以来、人類が身につけた知恵ではなかったのか。

深刻なのは、「新憲法草案」が正式に憲法となれば、改憲派は緩和された改憲規定を利用して、次々と改憲をくり返すおそれがある点だ。第9章で検討するが、「論点整理」では、憲法を国家が守るべき権力の制限規範としてではなく、国民が守るべき「国民の行為規範」としてとらえる見方が示されていた（↓二一九頁）。このような憲法観の大転換が、緩和された改憲規定を利用して追求されるとすれば、おそろしい話である。

また、「論点整理」や「改憲大綱」の段階では大らかに語られていた自民党の「復古的」改憲論、たとえば、前文に「愛国心」を明文で掲げ、婚姻・家族における両性の平等を保障する二四条の見直しを行い、国民の国防義務を定めるなどの改憲についても、着々と進めていく腹積もりなのかもしれない。

## †社会権への攻撃

「改憲大綱」は、生存権などの社会権から基本的人権としての性格を奪って、単に政策的に配慮すれば足りる「社会目的（プログラム規定）としての権利及び責務」に位置づけなおそうとしていた。「新憲法草案」は社会権についてこのようにドラスティックな改変を加えていないが、改憲の要件が緩和された暁には、改憲派がこのような「弱者切捨て」の改憲に手を染めないという保証はない。

この「社会権への攻撃」という新自由主義的な改憲案は、経済界の意向をくんだものと理解してよいだろう。たとえば、二一世紀臨調の「国民の権利・義務に関する基本法制上の課題」（二〇〇二年三月）は次のように論ずる。

日本では、企業経営における終身雇用と年功序列賃金体系、税制における急傾斜の累進課税制が、「平等の社会」を築き上げてきたが、その結果、「自律意識」が希薄化し、「革新力」が停滞してきた。しかし、「結果の平等」から「機会の平等」に軸足を移し、「努力した人が報われる社会システムに移行する必要がある」と同報告は論じて、さらなる規制緩和の推進と所得税の累進性の緩和などを提言する。また、同報告が、個人の自己責任の確立と政府への依存意識の払拭《ふっしょく》を説いている点にも注目しておこう。

経済同友会の「憲法問題調査会意見書」(二〇〇三年四月)の副題は「自立した個人、自立した国たるために」である。同意見書によれば、戦後日本は、国防・安全保障を外国に依存したまま、国を挙げて官主導の経済発展に邁進してきたため、「お上《かみ》依存」の社会風潮が醸成された。そこで、「自立した個人」を主体とする社会秩序の確立が課題となる。

その経済同友会は二〇〇四年四月、「小さな政府と民間主体の活力ある経済社会の確立」という副題を持つ「行財政抜本改革と公平・公正な税制の構築」という提言を出しており、その中で、企業のグローバルな事業展開をバックアップする税制という名の下、北米・アジア諸国と競争可能な程度に法人税の負担水準を低下させる必要性などを論じる一方、間接税中心の税体系への移行と所得税の累進性の緩和を提言している。

経済同友会も二一世紀臨調と同様に、個人の自立を強調しながら、競争主義的な社会(不平等な社会)へと日本を変革しようとしていることがうかがえる。前述のとおり、「新憲法草案」自体は社会権の保障をドラスティックに変更する内容ではない。しかし、経済界の意向をくんで、社会権の保障を弱体化させるおそれはある。なぜなら、改憲要件の緩和さえ実現しておけば、小選挙区制の下での政府与党にとって、社会権を弱体化するための改憲は、決して困難な課題とはいえないからである。

## †貧弱な社会保障と明文改憲

とはいえ、「新自由主義的な改革のために、なぜ明文改憲が必要なのか」という疑問を持つ人もいるだろう。もっともな疑問である。生存権を保障する憲法二五条は最高裁によって、政府に政策上の責務を課すにとどまる「プログラム規定」と理解されている（↓一六九頁）。よって、社会保障のレベルを低下させて日本で「小さな政府」を実現するうえで、残念ながら憲法はたいした障害とはならないはずだ。

実際、日本の社会保障のレベルは低い。社会保障給付費と国民所得費の国際比較をみると、日本の社会保障のレベルはスウェーデンの三分の一、英独仏の二分の一で、国民共通の社会保険さえないアメリカとほぼ同じという状況にある。また、国民所得に対する税金・社会保険料の比率（国民負担率）も、高負担で有名なスウェーデン（七〇・二％）は別格としても、フランス（六五・三％）、ドイツ（五五・九％）、イギリス（四八・三％）といったヨーロッパ諸国とくらべて、日本は三七・〇％とかなり低い（［26］一二八—九）。

課税を通じた所得再配分政策の緩和も、明文改憲とはかかわりなくどんどん進められている。所得税の累進構造は、二〇年前には最高税率七〇％で一五段階あったが、一九九九年改正で最高税率三七％の四段階となり、高額所得者の税負担は大幅に軽減された。

では、それにもかかわらず、どうして明文改憲が必要なのか。それは、戦後日本社会の特徴と関わっている。戦後日本は、「機軸」部分では、財政・行政を経済成長のための社会資本投資と企業競争力喚起のための施策に振り向ける一方、そのような国家主導の経済成長によって増大する税収を公共事業や各種補助金というかたちで農村や都市自営業層に還元することによって、「周辺」部分の統合を実現した。渡辺治はこのような国家のあり方を「開発主義国家」と呼ぶ（[83]一一四—五）。

ところで、国内で生産される工業製品の多くが国内で消費されるのであれば、企業の立場からみても、社会保障には「経済効率」があるといえる。貧窮者が生活保護を受けて、国民全体の購買力が高まれば、企業の製品もたくさん売れることになるからだ。しかし、海外輸出の割合が高くなればなるほど（企業の多国籍化が進めば進むほど）、社会保障の「経済効率」は悪くなる。海外の人びとに製品を買ってもらえば、企業の儲けは確保できるからだ。そこで、企業はグローバルな競争に勝つために、企業の社会保障負担の軽減を強く求めることになる（[33]六二—四）。

税制改革と同様に、社会保障の問題も、企業優先か、国民各人の生活の「安心・安全」を優先するのかという、日本社会の根本的あり方が問われる問題である。しかし、この根本的な問いを回避して、企業優先の方向へと議論を誘導する便法がある。それは、国民の多くがもはや時代遅れと評価している「開発主義国家」と、日本国憲法が前提とする国家・社会のあり方をイコールで結び、憲法の平等主義的性格が官主導の「開発主義国家」を形成したと論じて、「開発主義国家」批判をいきなり「新自由主義的な競争社会」の擁護へと結びつける論法である。

たとえば、日本経済新聞政治部長の芹川洋一は、「二一世紀が競争原理を働かせた自己決定・自己責任型の自由な社会が望ましいと考えるのなら、足かせになっている福祉国家目標の根拠となっている二五条のとらえ直しも迫られることになる」とか、「福祉国家のためだからと言って、官が民を規制できるものではないことを明確にする仕組みを、憲法の中に組み込むことさえ考えていいのかもしれない」と述べるが、この論法などがその典型である（[41] 六四）。

## †改憲は私たちを幸福にするのか

経済のグローバル化にともなう産業構造と雇用形態の変化にともなって、派遣労働やフリーターのような不安定雇用が増大した結果、年収三〇〇万円を稼ぐことさえ難しい人びとが増加しているとよく指摘される。また、自殺者も激増しており、一九九八年以前は年間二万人台前半で推移していたのが、九八年に三万人を超え、二〇〇三年は三万四〇〇〇人を超える過去最多の数字を記録した。

社会学者の山田昌弘は、「日本社会は、将来に希望がもてる人と将来に絶望している人に分裂していくプロセスに入ったのではないか」と論じている（[73]六）。一見したところ、日本は物質的に豊かにみえるが、将来の希望に対する格差は急速に広がっている、という山田の分析には説得力がある。こんな状況の下で経済界の改憲構想が実現した場合、国民各人が本当に幸福になれるのか。ぜひ真剣に考えてみてほしい。「官から民へ」などという空虚な標語を鵜呑みにしてはならない。改憲の是非は現実をふまえて、理性的に考察されるべき問題である。

ちなみにアメリカでは、過去二〇年の間に一般労働者の給与はインフレ率を差し引いて約一五％上がったが、同じ期間にトップ経営者（CEO）の給与は六〇〇％の伸びを示した（[77]一一四）。トップ企業三六七社の経営者が得る報酬平均は一九八〇年には労働者平均の四二倍だったが、一九九〇年には一〇七倍に、二〇〇四年には四三一倍になっている（朝日新聞二〇〇六年一月九日朝刊）。

九〇年代半ばの数字だが、アメリカでは全人口の一〇％以上（約二八〇〇万人）が自警設備のある資産家用の住宅に住んでいる一方、刑務所人口比率はカナダの四倍、イギリスの五倍、日本の一四倍で、刑務所に入っている国民の比率がアメリカよりも大きいのは共産主義後のロシアだけであった。この数字を紹介したジョン・グレイは、「アメリカの資本主義は、ヨーロッパのリベラルな資本主義やアメリカ自身の初期の段階の姿よりもラテンアメリカ諸国の寡頭政治体制に似てきている」と評している（［27］一六二―四）。

このような社会が二一世紀臨調のいう「努力した人が報われる社会システム」（↓一八四頁）でないという保証がどこにあるのか。右の数字は、経済界の改憲論が「日本国憲法は結果の平等に偏っている」と難ずる以上、国民が記憶にとどめておいてよい数字である。

第8章

# 憲法九条の「効用」——あるいは「護憲」のリアリズム

## †九条は「非現実的」か？

憲法九条の下では自衛のための実力組織の保持も違憲と解するのが、憲法学の通説的な見解である。九条のテクストと制定経緯を考えれば、ごく自然な解釈であり、それが通説であるのも当然といえよう（↓五六頁）。

しかし、だからこそ、九条は「非現実的」という非難を浴びてきた。「軍事力を一切持たずに、国民の安全を守れると考えるなんて非現実的だ」というありがちな批判である。そして、九条を支持する政治家や市民、そして憲法学者は「無責任」と非難されてきた。「日本が攻められた場合、どう対処するかを考えないのは無責任だ」という、これもありがちな批判である。

このように改憲派が「九条は非現実的」と批判するのに対抗して、九条の「理想主義」を擁護する立場からの応答がありうる。たとえばハーグ市民社会会議（一九九九年五月）が採択した「日本国憲法第九条が定めるように、世界諸国の議会は、政府が戦争をすることを禁止する決議を採択すべきである」という基本原則や、チャールズ・オーバビー博士による「第九条の会」の運動などに注目して、国際社会における九条の先進性を強調し、九条の「理想」を国際社会に広げていくことこそ重要であると論ずる立場である。

もちろん、私もこの「理想主義」にもとづく九条擁護論の重要性を認めることにやぶさかではない。しかし、私はここで、改憲派の「現実主義」に九条の「理想主義」を対峙させるのではなく、現代の国内政治・国際政治における「九条の効用」を明らかにし、いま「護憲」であることこそ、「現実的」なのだと論じてみたい。

### †「護憲」とは何か

ところで、第6章で検討した「護憲的改憲論」に示されているように、何をもって「護憲」と呼ぶかは、「九条論の活況」の中でわかりにくくなっている。そこで、「護憲」の意味をある程度、明らかにしておく必要がある。

もし、徹底した非武装平和主義（絶対平和主義）だけを「護憲」と考えるならば、護憲派はかなり小さくなるだろう。もちろん、このような「ファンダメンタリズム」も一つの立場だが、私はどうも「ファンダメンタリズム」が苦手である。それに、現代改憲の是非を考えるうえで、このように「ファンダメンタル」な立場への賛否を「改憲」派と「護憲」派の区別の基準にすることは、改憲派の側に不当な利得を与えることになる。この点は、今井一の「憲法九条国民投票論」を検討した際に指摘した(↓一四七頁)。

憲法学者の浦田一郎は、「現実を憲法に近づけるものが護憲論であり、遠ざけるものが改憲論」という立場から、現実の軍事力に関する各種の制約論は、制約された軍事力を肯定する論理的可能性を含んでいるけれども(たとえば、海外派兵阻止論は専守防衛の自衛隊を容認する論理的可能性を含む)、制約された軍事力の合憲性や有効性を積極的に主張するのでなければ、それも「護憲論」と呼ぶことできると論ずる(〔15〕六四—五)。

ただし、私はもっと広い「護憲」概念を採用したい。現実の政治状況の中で可能な限り「武力によらない平和」の可能性を模索しつつ、それを現実化するうえで九条が持つ「効用」を積極的に評価して、これを擁護する議論を広く「護憲論」と呼ぶことにする。もちろん、このように広い「護憲」概念を採用するとしても、たとえば、大沼保昭の「護憲的改憲論」は「護憲」的と呼ぶに値しないものであるといえよう(↓一四四頁)。

「護憲」の意味は一応、明らかになった。それでは、「現実的」であるとはどういうことか。以下では、「現実的」という言葉の意味を解明するのではなく、具体的な事件を素材にして、「現実的に考える」とはどんなことなのかを考えてみたい。

## †米軍ヘリ墜落事件と「現実主義」

二〇〇四年八月一三日午後二時一五分頃、沖縄県宜野湾《ぎのわん》市の沖縄国際大学の構内に米軍普天間《ふてんま》基地所属の大型輸送ヘリコプターが墜落し、爆発炎上する事故が起きた。ヘリは巨大な尾翼ローターを公民館近くの空き地に落下させ、その後、沖縄国際大学の本館ビルに激突、大破炎上した。激突の際に飛び散ったヘリの破片は、周辺の住居や駐車場の車両など五〇カ所を直撃。ローターの破片はミニバイクなどを破壊した。

墜落したのは米海兵隊が所有する最大級の強襲揚陸用ヘリで、軍事評論家の江畑謙介によれば、「直撃すれば建物一棟丸ごと崩壊してもおかしくない」とのこと（朝日新聞二〇〇四年八月一四日朝刊）。このような大事故にもかかわらず、市民の負傷者や犠牲者が一人も出なかったことは、文字どおり「奇跡」だったというべきだろう。

ところで、同月二六日、東京の日本記者クラブで記者会見を行った在日米軍のワスコー司令官が、「ヘリの乗員三人はコントロールが不能になった機体を、精いっぱい人のいない所に持っていった。とても素晴らしい功績があった」と述べたことが報道された（朝日新聞二〇〇四年八月二七日朝刊）。沖縄に反発が広がったのはいうまでもない。

一般論として考えるならば、ヘリが墜落する際に操縦者が可能な限り被害の少ない場所にヘリを誘導することは、たしかに褒められるべき事柄かもしれない。しかし、本件にこの一般論を当てはめるのは、「現実的」な考え方といえるのだろうか。そもそも一般市民が生活する市街地の上を軍用ヘリが飛ぶこと自体おかしいと考えるのは「非現実的」なのか。百歩譲って、「市民の安全を守るために軍隊は必要であり、軍隊の訓練は欠かせない以上、市民もその危険を一定程度、甘受すべきである」という意見を受け入れるとしても、強襲揚陸用ヘリの飛行訓練が宜野湾市民の安全とどんな関係があるというのか。

このように論理を展開すると、君たちはいうかもしれない。「先生の議論は日米安保条約そのものを問題視していますけど、安保条約の破棄なんて、非現実的な話ですよ」と。

実は、ワスコー司令官の発言を新聞で読んで、呼び覚まされた記憶がある。ヘリ墜落事故の日からほぼ一〇年前の一九九四年九月九日、沖縄の基地の視察に訪れた宝珠山《ほうしゆやま》昇・防衛施設庁長官（当時）が那覇市での記者会見でいった、「沖縄は戦略上きわめて重要な位置にあるので、好むと好まざるとにかかわらず、国家の要請として基地は欠かせない。沖縄は基地と共生・共存するという方向に変化してほしい」という発言である。

さて、日米安保条約の破棄や日米地位協定の改定が難しい以上、「沖縄は基地と共生・

共存すべき」と考える宝珠山発言のような考え方が「現実的」なのだろうか。それとも、米軍基地に由来する被害をリアルに認識し、沖縄の米軍が国際社会で果たす機能をリアルに分析・評価し、「基地のない沖縄」を実現するための思索と運動を行う者のほうが「現実的」なのだろうか。

判断は君たちに委ねよう。しかし、ひと言だけ述べておきたい。ひたすら現実を追認する者は、「現実主義」という「思想」を持っているのではなく、そもそも「思想」なるものを持っていないのだと。

## †有事法制とメディアの「現実主義」

有事関連三法が参議院を通過した翌日の読売新聞は「法治国家の体裁がやっと整った」と題する社説を掲載し、「自衛隊は、この有事関連法によって、超法規的な行動をとらずに、有事に対応できることになる」と歓迎した（読売新聞二〇〇三年六月七日朝刊）。日本経済新聞もある社説において、「実際には有事のルールがなければ有事に当たって政治家や官僚の恣意が幅を利かす結果になりかねない。それは法治国家ではなく、危機への対応をほったらかしにする放置国家の姿である。私たちはそう考えて有事法制の必要性を指摘してきた」と論じた（日本経済新聞二〇〇三年五月一四日朝刊）。

朝日新聞も例外ではない。「なぜ有事法制が必要なのか」という読者からの問いかけに対して、「……いざという時は自衛隊に動いてもらわなければならず、何の決まりもないままでは政府の勝手次第になります。四半世紀前『超法規的行動もありうる』と語った統幕議長が解任された事件がありましたが、こんな現実でいいのでしょうか」と応答した社説がある(朝日新聞二〇〇三年五月一二日朝刊)。

以上に示した各紙の社説の論法は驚くほど似ている。自衛隊という実力組織が現実に存在する以上、「有事」の際にその実力組織の行動を規律するルールをあらかじめ策定しておくのが「法治主義」であり、そのような発想こそ「現実的」である、という論法である。はたしてそうだろうか。現在の国際情勢からみて、日本に対する外国軍の大規模侵攻は考えがたいというのが専門家の一致した見方である。防衛関係者でさえ、北朝鮮や中国の大規模侵攻の可能性を現実的なものとは考えていないと伝えられる。

もちろん、「今そこにある危機」として「日本有事」がないとしても、「備えあれば憂いなし」だし、「自衛隊が現実に存在する以上、その活動を規律するルールは必要だ」とひらきなおるのも一つの方法だろう。しかし、この態度は「現実的」といえるのか。なぜなら、この応答は、日本の有事法制の整備をアメリカ側が求めていたという「現実」を無視しているからである。

第3章でも論じたとおり、アメリカが有事法制の整備を日本に求めたのは、「日本の安全」のためではなく、「新ガイドラインの誠実な実行」のためだった（↓八九頁）。ちなみに、渡辺治のように国会審議の段階で、有事法案は「万一日本が攻められたときの対処法制でもなければ、冷戦期の有事法制の亡霊でもなく、アメリカの要請と日本企業のグローバル化を背景とした日本のグローバル軍事大国化の完成をめざす切実な要請を満たすために作られた法制としての性格を帯びている」と評価する論者もいた（［85］二〇五）。最近の在日米軍再編の状況を視野に収めつつ、あらためてこの渡辺の診断と各紙社説の論調とを比較するならば、どちらがより「現実的」だったといえるだろうか。再びその判断は君たちに委ねることにしよう。ただし、あえてくり返しておきたい。ひたすら現実を追認する者は、「現実主義」という「思想」を持っているのではなく、そもそも「思想」なるものを持っていないのだと。

## †国際認識の「非現実性」

改憲派における九条改定の欲望がリアルだからこそ、国際情勢や国民世論との関係で、改憲派も決定的な九条改定の正当化論を案出できていないのが現状と解される。この点については、第5章の「九条改定論のジレンマ」で詳述した（↓一三五頁）。また、解釈改憲最悪論が流行る理由も、この文脈で理解できる。そのせいだろうか、九条改定や海外派兵推進を求める側から、国際情勢の認識について「非現実的」というほかない議論が現れ始めている。

たとえば、小泉首相の私的諮問機関である「安全保障と防衛力に関する懇談会」の報告書（二〇〇四年一〇月）は、東アジア地域には二つの核兵器国（ロシア・中国）と核兵器開発を断念していない国（北朝鮮）が存在しているから、「古典的な戦争」に備えるための安全保障が必要だと論じている。

この部分は、莫大なお金を浪費する結果になりそうな「ミサイル防衛」（日本は二〇〇六年度から一四年度の間に約一二〇〇億円から一四〇〇億円の開発費用を分担。〇六年度は三〇億円を予算に計上）を正当化するための論法なのだろうが、それにしても、「核兵器国」である以上、どれほど外交関係が良好になっても、ロシアと中国は永遠に日本の「仮想敵国」ということになるこの論法は、はたして「現実的」といえるのだろうか。それに、この論法でいくなら、日本に核兵器を持ち込むことが可能なアメリカだって、「仮想敵国」に指名される資格があるはずだ。

もしかしたら、北朝鮮だけを「仮想敵国」に指名したら、「ミサイル防衛はあまりに割高で、国民を納得させられない」という「現実的」な判断が背後にあるのかもしれない。

しかし、これは迷惑な話だ。長年、新聞記者として防衛庁を取材してきた半田滋は、中国はソ連がなくなった後、別の敵を探す中で「脅威」として浮上させてきたにすぎないし、北朝鮮も今、日本に対して戦争をしかけてくる可能性はほとんどなく、むしろ危険なのは、アメリカが北朝鮮に戦争をしかける危険性のほうだと述べている（［65］八四）。この半田の認識のほうが「現実的」だと私は思うのだが。

国連の評価も恣意的である。第2章の最後のところで若干論じたが、一九九四年の改憲試案では、国連が赤面するほど、国連を持ち上げていた読売新聞は、二〇〇四年の改憲試案では、「国連無力論」を声高に論じている（↓七一頁）。イラク戦争で国連を無視しておきながら、アメリカは二〇〇五年一二月現在、「国連改革」の名の下に通常予算の承認を拒否して、国連を機能不全に陥れようと企んでいる。ならば、このように身勝手なアメリカの国連攻撃を敢然と批判してこそ、日本の「国連中心主義」の面目があるというものだ。

ともあれ、「仮想敵国」を永久化し、国連による安全保障を軽視する国際認識は、はたして「現実的」といえるのか。君たちもぜひ考えてみてほしい。もちろん、ひたすらアメリカに追随さえしていれば日本は大丈夫と考える「非現実的」な人びとにとっては、「現実的」な国際認識なのかもしれないが。

「憲法九条は非現実的だ」という言説を分析すると、現在では次の三つの主張が混然と含まれていることがわかる。①「軍隊を持たずに国民の安全を守れると考えるのは非現実的だ」という主張、②「憲法九条の形骸化がここまで進んだ以上、その現実を認めない議論は非現実的だ」という主張、そして、③「九条改定を容認する自民・民主の保守二大政党制が出現しつつある現在、護憲の立場は政治的には非現実的だ」という主張である。

①の主張が、今回の九条改定問題との関係では、改憲派の「思惑」を隠蔽し、憲法改正の際になすべき国民的議論を混乱させるということは、何度か論じた（↓七七頁）。②は第5章で検討した解釈改憲最悪論である。しかし、九条にはまだ「効用」がある。この点は後述しよう。

③はなかなか鋭い意見かもしれない。実際、国会の議席分布の観点からみれば、護憲派の占有率（社民党・共産党）は著しく低い。おまけに、「9・11総選挙」の後、民主党代表となった前原誠司の主張を聞いていると、小泉首相とどこがどう違うのか、よくわからないところが少なくない。ワシントンの米戦略国際問題研究所で行った講演では、中国を「現実的脅威」と呼び、集団的自衛権行使を可能にするための明文改憲の必要性を論じた

と報じられている（朝日新聞二〇〇五年一二月九日朝刊）。

小泉首相からの「大連立」の「お誘い」に、前原代表は「九九・九九％ない」と答えたそうだが、映画『Shall We Dance？』に主演したリチャード・ギアに似ていると巷では評判らしい（そうかしら？）、小泉さんが「Shall We Dance？」と誘ったら、前原さんは「喜んで」と応じて、踊り出しそうな雰囲気があるから心配である（あくまでも主観的な評価だが、岡田克也・元民主党代表が踊る姿は想像しにくい）。

「ほらみてください。やっぱり護憲なんて非現実的ですよ」と君たちはいうだろうか。少し待ってほしい。そして、思い出してほしい。ひたすら現実を追認する者は、「現実主義」という「思想」を持っているのではなく、そもそも「思想」なるものを持っていないのだということを。「現実」を変えようとする者は、「現実的」であると同時に、少々の「思想」を持っておく必要がある。少し回り道をして、この問題を考えてみよう。

### †どんな意味で「現実的」なのか？

ポスト冷戦の時代における「正戦論の復活」を前にして、戦争の哲学的考察を続けるアメリカの社会哲学者、マイケル・ウォルツァーは次のように論ずる。

一般市民の犠牲は殺人であり、一般市民を犠牲にしない戦争などありえない以上、すべての戦争は正義に反するという考え方がある。この「正義の戦争」と「不正義の戦争」を区別しない徹底的な平和主義をとなえることができるのは、権力を行使する立場にないラディカルな人びとだけである。他方、「正義の戦争」を認める「正戦論」は、権力を行使し、軍事力を利用する立場にある者にとっての理論である、と（［93］一三―四）。

「絶対平和主義は無責任だ」という手垢《てあか》にまみれた議論をあらためて検討するために、わざわざウォルツァーを引用したわけではない。私はウォルツァーの戦争論の多くに疑問を感じるが、それにもかかわらず、右に引用した彼の議論は興味深い問題提起をしていると考える。私が注目したいのは、権力行使に関与しない人びとにとって、絶対平和主義が持つ意味のほうである。そして、こちらの意味・効用は、特定の国民国家が置かれた文脈ごとに多様でありうると考える。ここで、第6章の最後に引用した樋口陽一の指摘を、ぜひ再読してほしい（↓一六一頁）。

政治学者の石田雄《たけし》によれば、「敗戦によって武装解除され、『戦争できぬ国』となった日本が、新しい憲法で戦争を放棄したのであるから、いわば非武装平和主義が国家そのものの建前とされることになった」。その結果、戦後日本において、「非戦平和主義」は「国家によって」ではなく、「国家に抗して」主張されるという重大な問題意識が希薄化してしまった。「国家権力に対して緊張感を持った平和主義が意識化されるとき、はじめて平和憲法は依存の対象ではなく、また単なる建前としての飾りものではなく、たえざる権力への抵抗によって支えられ、常に新たに機能させられるものとなる」（［09］八六、一一七）。

私は石田の議論に心から共感するとともに、現代改憲との関係で今まさにこの問題が問われているのだと訴えたい。私がウォルツァーの議論に触れたのは、この石田の議論をより深く理解するためであった。そして、前述した「九条は非現実的」とする主張の③は（→二〇一頁）、石田のような議論を一切考慮に入れていないからこそ、「現実的」にみえるにすぎない。私たちは「思想」と「批判性」を手放しさえすれば、恥ずかしいほど「現実的」になれる。それだけのことだ。

### †国際政治における「効用」

それでは、憲法九条を擁護することに、どんな「効用」があるのか。まず、国際政治の場面で考えてみよう。チャルマーズ・ジョンソンはブッシュ政権以前の段階で、「冷戦の終結後、ペンタゴンはアメリカの外交政策の策定と実行を独占している。アメリカは、対外的な目的の達成にあたり、往々にして不適切な一つの手段しかもたなくなりつつある。つまり、軍事力である。アメリカは、対外的な目的を達成するための多様かつ充分な能力をもはやもっていない」という指摘をしていた（［37］一二五）。

ブッシュ政権との関係ではさらに深刻である。二〇〇四年の大統領選以前の論評だが、経済政策で失敗する可能性が高いブッシュ大統領が再選を勝ちとるべく支持率を上げるためには、「軍事的緊張を作り出すことが一番の近道なのだ」との指摘があった（[46]一三〇）。大統領選に勝利した二期目のブッシュ政権はその危険な性格を変えていない。大統領承認式を直前に控えた上院公聴会で、ライス国務長官は「圧制の拠点」として、北朝鮮、イラン、ミャンマー、キューバ、ベラルーシ、ジンバブエの六カ国を名指した。ブッシュ政権が自己の支持率と「ファミリー」の利益のために、戦争を弄ぶ危険性は決して遠のいていない。

英米同盟軍によるイラク戦争に対する日本政府の対応をみる限り、憂慮はさらに深まるほかない。韓国は北朝鮮問題に対する発言権を確保し、アメリカの単独行動を抑止するためにアメリカを支持した。他方、日本は大義も法的根拠も国際世論の支持もない侵略戦争を支持するために、愚かにも「日米同盟」の重要性を強調し、北朝鮮問題とイラク戦争をリンケージしてみせた。ここには、「対米追随」という思考停止と、自衛隊を「正真正銘の軍隊」にするという欲望しかない。

このような状況下で九条を改定したら、どうなるのか。私たちは主権者の一人として、この問題を真剣に考えておく必要がある。アメリカ流の覇権主義的な世界戦略への軍事協力（武力による平和）よりも、非覇権主義的な国際平和の構築（武力によらない平和）こそ重要だと思うのであれば、安全保障の問題を憲法問題とすることで、自衛隊による米軍への軍事支援を困難にし、米軍基地の正当性をつねに疑わしいものとする、九条の「効用」を軽視してよいとは思えない。

良かれ悪しかれ、アメリカの国際戦略は在日米軍基地に大きく依存している。ならば、私たち日本国民が日本政府によるアメリカへの軍事協力を拒否することは、単なる「一国平和主義」と揶揄《やゆ》されるべき事柄ではなく、「武力による平和」と「武力によらない平和」との岐路にある現代の国際情勢において、少しでも後者の勢力を強めるための主体的な努力であるといえるだろう。

### †国内政治における「効用」

次に、国内政治の場面で考えてみよう。日米安保条約にもとづいて駐留する在日米軍は、あくまでも建前上は「日本の安全」に寄与する限りで基地の利用ができることになっている。これは、憲法九条が軍事力の保持を一切禁止したため、日本政府が「憲法によっても制約できない自然権」としての「個別的自衛権」によって、自衛隊や日米安保条約を正当化してきたからである（→九〇頁）。

よって、もし九条を改定して、米軍へのグローバルな軍事協力が合憲となれば、米軍が日本から出て行く理由は一切なくなる。現在、在日米軍の再編が進められているが、この再編が進むと、在日米軍は公式に、朝鮮半島から東南アジア、中東、北アフリカにいたる地域の安全保障を担うことになる。日米安保条約との整合性の問題もあって、外務省は当初、この米軍再編に難色を示したようだが（朝日新聞二〇〇四年九月二二日朝刊）、結局は米軍再編を容認する見解へと方針転換をした（朝日新聞二〇〇四年一一月一二日朝刊）。

しかし、今回の米軍再編を認めてしまえば、この広大な地域に一つでも「反米国家」がある限り、米軍の日本駐留が正当化される。日本は今、米軍基地が恒久化されるか否かの瀬戸際に立っている。朝日新聞二〇〇五年一二月二五日朝刊の記事によれば、ブッシュ大統領の下で国家安全保障会議の上級アジア部長を務めたマイケル・グリーンは、「テロの脅威」がグローバル化していることを理由にして、在日米軍の活動範囲を限定する「極東条項」（日米安保条約六条）の見直しの必要性を論じている。彼の提言のとおりに事が運べば、「テロの脅威」を呼号する限り、米軍は日本に居座ることが可能となる。

「沖縄のアメリカ軍事基地を見て、わたしはベルリンの壁が崩壊したあとも東ドイツに駐留していたソ連軍の基地に似ていることに気付いた。どちらの場合も、兵士たちは帝国の駐屯地で外地勤務する生活の方が『本土』での暮らしよりもはるかにお楽しみが多いために、そこに残ることを望んだのである。……なにはともあれ、カリフォルニア州の強姦罪の刑罰は、沖縄で日本側によって同じ罪で宣告された軍人たちの刑罰よりも格段に厄介である」とチャルマーズ・ジョンソンは述べている（［38］一三）。

この観察のほうが、冷戦後も米軍が沖縄に居残る理由について、先に触れた宝珠山・元防衛施設庁長官の認識（↓一九五頁）よりもよっぽど「現実的」だとはいえないだろうか。ともあれ、基地を無償で提供し、「思いやり予算」まで手当てしてくれる、こんなに「至れり尽くせり」の場所から、米軍が出て行くだろうか（ある見積もりによれば、米軍関係者が日本人並みの自動車税を払うだけでも、沖縄県の歳入は二億五〇〇〇万円増えるという。［37］七〇）。私たちはこの問題をもっと「現実的」に考えてみる必要がある。

自民党「新憲法草案」が公表された当日の夕刊で大きく報じられたのは、米海軍が横須賀に原子力空母を配備するとの発表だった。これはあまりにも象徴的だ。物理学者の藤田祐幸は、「ニミッツ級空母が横須賀を母港とするのは中規模の原子力発電所が街の中に現れるようなものだ」と述べていたが（朝日新聞二〇〇五年一〇月二八日夕刊）、その後、ニミッツ級の原子力空母ジョージ・ワシントンの配備を米海軍が決めたとも報じられた（朝日新聞二〇〇五年一一月一九日夕刊）。

現行の九条二項の下でなら、解釈改憲をくり返した政府見解を前提にしても、「冷戦後の日本になぜ原子力空母が必要なのか」という問題を、「日本国民の安全」との関係で議論できる。他方、「新憲法草案」の「対米追随」的な前文と九条の二は、このような批判の根拠を私たちから完全に奪い去ってしまう。ここで君たちに考えてもらいたい。現行九条のこの「効用」を、そうやすやすと手放してよいものだろうか。

## †日本は「平和のたいまつ」？

古関彰一は、戦争により国土を爆撃された経験をほとんど持たないアメリカと、領土が核兵器と通常兵器によって爆撃され、かつ沖縄県での地上戦の経験も持っている日本とでは、国民の戦争体験がまったく異なり、安全保障観も異なっているため、アメリカが何かと「力による解決」を望む一方、日本はそれを望まないという対照的な政治手法を身につけているが、「これこそ日本の『よき伝統』ではないのか」と論じている〔31〕二八二）。

この「よき伝統」を聖徳太子の一七条憲法以来の「和」の理念とやらに、わざわざ遡及《そきゅう》させるには及ばない。敗戦の経験と日本国憲法の下での経験を通じて、日本国民が右往左往しながら育んできた、新しい「伝統」ととらえるべきだろう。そして、第1章で紹介した講演でヴォネガットが称揚した「アメリカの自由」に匹敵するものが、仮に戦後日本にもあるとすれば、それはこの「伝統」なのではないか。

ただし、ヴォネガットは、アメリカが建国以来ずっと「自由のたいまつ」であったなんて考えていない点に注意しよう（→二八頁）。こんなことを嘯けるのは、歴史に無知な連中だけだ。私も、戦後日本がずっと「平和のたいまつ」だったなんて考えたことはない。ベトナム戦争にも、湾岸戦争にも、イラク戦争にも、在日米軍は参戦した。米軍基地を持つ日本は戦後ずっと、戦争の一当事者だったのだ。この事実に目をつぶった平和論は、「一国平和主義」と揶揄されて当然だと思う。

それにもかかわらず、「たとえ、国家間の利害対立があっても、可能な限り武力行使をせずに、外交などの話し合いで紛争を解決すべき」という「武力によらない平和」の理想は、やはり戦後日本において、現実を規制する「ものの見方・考え方」として広く存在してきた。このことの意味まで否定するのは、大きな過ちを犯すことになるだろう。もちろん、「日本の平和」という「伝統」は現在、揺らいでいるのかもしれない。ならば、今こそ、この「伝統」を継承し、発展させていくことの重要性を語るべきときではないのか。

一九九二年にアメリカのルイジアナ州バトン・ルージュで起きた服部君射殺事件をご記憶だろうか。ハロウィーンの訪問先を間違えた高校生が射殺された事件である。当時、物知り顔で、「日本人の安全意識は国際社会では非常識だ」と述べる「評論家」もいた。でも、本当だろうか。マイケル・ムーア監督の映画『ボウリング・フォー・コロンバイン』

を観た人は、アメリカの「安全意識」のほうが非常識だということがわかるはずだ。
服部君事件を前にして、「アメリカのほうがおかしいのではないか」と考えた人は、そのことを恥じる必要はない。世界を暴力的な方向に変えたい連中が、そのような疑問を「非現実的だ」とか、「国際社会では非常識だ」と批判して、本当に問うべき問題を隠蔽しようとするのだから。

**†イラクの小さな橋を渡って**

イラク戦争の少し前に同地を訪れた作家、池澤夏樹はそのルポルタージュともいえる小さな書物の最後で、こんなエピソードを紹介している。
ニネーヴェの遺跡を出たところで遊んでいた子供たちの歌っていたメロディーに覚えがあった彼はハミングで唱和する。すると子供たちは歌いながら彼の傍に寄ってくる。歌い終わったとき、いちばん大きな女の子が彼に微笑みかける。そこで、彼はその歌が「フレール・ジャック」というフランスの童謡であったことに気づく。池澤は次の文章でその書物を閉じている。

戦争というのは結局、この子供たちの歌声を空襲警報のサイレンで押し殺すことだ。

恥ずかしそうな笑みを恐怖の表情に変えることだ。
それを正当化する理屈をぼくは知らない（[08]七八）。

幸いなことに、私も知らない。けれども、確認しておきたいのは、たぶん、私たちはそんな「理屈」をはじめから知らなかったわけではないということだ。アジア太平洋戦争における戦争体験と「平和憲法」の下での「戦後民主主義」の経験を通じて、そんな「理屈」を一つひとつなくしてきたのだと思う。そして、私はそのことを本当にすばらしいことだと考える。だから、これからも、そんな「理屈」が出てくるのならば、一つひとつ消してゆきたいと思う。

憲法九条を守ること自体に意味があるわけではない。九条にこだわることで、何を守れるかが問題なのだ。最近の政治状況をみる限り、どうやらまだ当分の間、私は護憲派のままでいることになりそうだ。

第9章

# 国を愛すること、憲法を愛すること——「愛国心」を考える

## †教授の愛した条文

もし、現代改憲問題の核心が憲法九条にあるのならば——何度も論じたとおり、私はそう考える——、私の講義は第8章で幕を閉じるべきかもしれない。しかし、現代改憲問題を考えるうえで、私としては絶対におろそかにしたくない問題がある。この「長く曲がりくねった」講義の最後に、その問題を取り上げてみたい。

私が大学で憲法を学んだとき、最も感銘を受けた条文は九条ではなかった。私が最も好きな日本国憲法の条文は——今も昔も変わらず——九九条である。ただし、「九九条なんて知らないよ」という人もいると思うので、全文を掲げてみよう。

第九九条　天皇又は摂政及び国務大臣、国会議員、裁判官その他の公務員は、この憲法を尊重し擁護する義務を負ふ。

同条は「公務員の憲法尊重擁護義務」の規定と呼ばれる。憲法が「国の最高法規」(九八条一項)である以上、公職にある者が憲法を尊重・擁護する義務を負うのは当然である。それだけならば、たいした条文ではない。しかし、もう一度、九九条の条文をゆっくりと読んでほしい。同条には、「国民」という言葉がないことに気づくだろう。「そんなの書き忘れじゃないんですか?」。こういったのは、あいかわらず元気な本郷君である。断じて書き忘れではない。これは意図的な選択の結果と解するのが正しい。国民は憲法を尊重・擁護する「義務」を負わない。しかし、国民は政府や議会、そして一人ひとりの公務員に対して、「憲法を尊重し、擁護せよ」と要求する「権利」を持つ。九九条はこの考え方を自覚的に表しているのであり、この考え方こそ、立憲主義憲法の真髄であると私は考える。

## †憲法観の転換?

しかし、現代改憲はこの「立憲主義憲法の真髄」を葬り去ろうと企んでいる。たとえば、読売〇四年改憲試案は、(私の愛する)九九条を全面的に削除する一方、前文に「この憲法は、日本国の最高法規であり、国民はこれを遵守しなければならない」という一文を入れている。これは驚くべき改憲案である。憲法を尊重・擁護する義務を負うのは、公務員ではなく、国民であるという思想を表明しているからだ。

「でも、公務員も国民なんだから、国民の一人として憲法尊重擁護義務を負うことになるんじゃないですか」。こう質問したのは、池下君である。もしかしたら、読売関係者もそういうつもりなのかもしれないが、現在では、日本国籍を持たない公務員も存在するので、この解釈はそもそも前提を欠いている。

しかし、問題の本質はそこにあるわけではない。重要なのは、国民は憲法尊重擁護義務を負わないが、公務員にその義務を負わせる権利を持つという点である。読売改憲試案が仮に、日本国籍を有する公務員は一般国民と同様に憲法尊重擁護義務を負うと考えているとしても、それはやはり、「立憲主義憲法の真髄」を没却するものというべきだろう。

読売改憲試案と似たような考え方を示す改憲案は少なくない。たとえば、自民党の「改憲大綱」によれば、「二一世紀における現代憲法」は、「国家と国民を対峙させた権力制限規範」にとどまらず、「国民の利益ひいては国益を護り、増進させるために公私の役割分担を定め、国家と地域社会・国民とがそれぞれに協働しながら共生する社会をつくっていくための、透明性のあるルール」としての側面を有するものとされる。ちなみに、「論点整理」の段階では、憲法が「国民の行為規範」として機能するとの見方を示していた。

民主党の「創憲に向けて、憲法提言『中間報告』」（二〇〇四年六月）も、従来の憲法の名宛人は国家であったが、「新たなタイプの憲法」は、「国民一人ひとりへのメッセージであるとともに、広く世界に向けて日本が発信する宣言」であることが期待されると論ずる。そのため、「国民一人ひとりがどのような価値を基本に行動をとるべきなのかを示すものであることが望ましい」とされる。民主党も、憲法を「国民の行為規範」としてとらえていることがわかる。

「良心の自由」の専門家として、「日の丸・君が代」問題に取り組んできた西原博史は、現代改憲の「思惑」を九条問題のみに収斂《しゅうれん》させる見方では、改憲派の「壮大な構想」を見失いかねないと警鐘を鳴らす。改憲派の「壮大な構想」とは、憲法を「国家を縛るルール」から、「国民支配のための道具」へと変えることで、国家と個人の関係を根本的に変革しようとする企てである（［51］六四）。私は、西原のこの懸念を杞憂《きゆう》だとは思わない。

### †なぜ「憲法観の転換」なのか

では、なぜ改憲派はこんなにも、「憲法観の転換」にこだわるのか。第7章の後半で論じたとおり、グローバル市場経済の進展と深化の下、日本でも、「国民の分断」が進んでいる（↓一八八頁）。いやな言葉だが、メディアで流通している表現を借用すれば、「勝ち組」と「負け組」への二極分化という事態である。その結果、政府や財界など支配する側にとっての課題となるのが、「負け組」をいかに国家に統合するのかという問題である。

グローバル市場経済から利得を得る「勝ち組」は、「私益」を合理的に判断して、新自由主義政策を強力に実行する「小さな政府」を支持するだろう。また、アメリカの軍事力によって支えられるグローバル市場経済の維持・拡大に日本も貢献するために必要な「九条改定＝強い国家」にも賛成するだろう。

他方、「負け組」が「私益」を合理的に判断すれば、そのような「小さな政府＝強い国家」という組み合わせを支持する理由はほとんどないように思われる。しかし、支配する側からみれば、グローバル市場経済の圧力の下、「開発主義国家」による統合という従来の手法をとりえない以上（↓一八七頁）、「負け組」には「私益」を超えて、国家に忠誠を誓う存在であってもらわねば困る。

エドソールらの『争うアメリカ』（［18］）を読むと、アメリカの共和党が人種差別問題と「小さな政府」の問題を結合させるイデオロギー戦略によって、白人貧困層を自らの陣営に引き入れた経緯がよくわかる。たしかにアメリカならば、社会保障に依存している人びとの典型的イメージを「一〇代の無職で性的に奔放な黒人シングルマザー」に求め、「家族を大切にする自立的で勤勉な白人」との対照性を際立たせるイデオロギー戦略は有効であろう。白人が納めた税金を黒人が浪費していると煽るわけだ。しかし、日本では幸いにも（支配層の中には不幸だと思う人もいるだろうが）、このような人種差別意識を煽るイデオロギー戦略によって、「小さな政府」への合意を調達することは難しい。

そのため、「戦後日本の悪平等」を指弾して、日本社会を競争主義的な秩序へと転換し、「負け組の苦境は自業自得だ」と嘯きたいのだろうが（→一八四頁）、二〇〇五年一二月のみずほ証券の発注ミス（「一株六一万円」のところを「一円六一万株」で売り注文をした事件）で個人投資家が二〇億円も儲ける「カジノ経済」の下、そんな「お説教」だけで「負け組」の統合を図れると考えるほど、彼らも甘くはないだろう。

その結果、相も変わらず動員されるのが、ナショナリズムである。改憲派の多くが、「国家のために私益を超えて協同せよ」とのお節介なメッセージを送りたがるが（たとえば、「新憲法草案」一二・一三条に挿入された人権制約原理としての「公益及び公の秩序」は、この観点から理解すべき）、これを単なる「復古主義者のたわごと」と読んではならない。

改憲派の求める「憲法観の転換」の意味も、この文脈で理解すべきである。ともあれ、グローバル市場経済の進展・深化の下で不可避的に進行する「国民の分断」を念頭に置きながら、「開発主義国家」に代わる国民統合の手法として、ナショナリズムを利用しようと考えている人びとがいる。彼らは真剣である。なぜなら、「負け組」の人びとが「小さな政府」に由来する惨禍を甘受する一方、「強い国家」のために喜んで動員される体制をつくり上げることは、彼らにとって、最大の利益であると同時に、喫緊の課題でもあるからだ。注意しておこう。奴らは本気だと。

## †「愛国心」と改憲

教育基本法改定問題などで議論される「愛国心」の問題も、基本的には、以上の文脈で理解すべきである。もちろん、「愛国心」の問題は、復古主義的な伝統的国家主義者たちの「長年の夢の実現」という側面があることも否定できない。しかし、「国体の復活に執念を燃やす年寄りや右翼」の「野望」という文脈でのみ理解するのは、問題を矮小化するものである。

ちなみに、自民党の改憲案は、「論点整理」の段階では、憲法が「国民の行為規範」でもあることを明確にすることで、「国民の中に自然と『愛国心』が芽生えてくるものと考える」と述べていた。また、「改憲大綱」では、「教育の基本理念」の一つに、「我が国の歴史・伝統・文化を尊重し、郷土と国を愛し、国際社会の平和と発展に寄与する態度を涵養すること」を挙げたうえで、「なお、いわゆる『愛国心』の明記……等に関しては、教育基本法改正の動きとも関連して、更に検討することが必要か」とのコメントが付されていた。

第7章で指摘したとおり、自民党の「新憲法草案」は公明党や民主党を抱き込み、さらに国民の過半数の賛同を獲得するべく、「現実路線」をねらったものである（↓一六四頁）。そのため、前文にも「愛国心」は明確なかたちでは示されていない。「日本国民は、帰属する国や社会を愛情と責任感と気概をもって自ら支え守る責務を共有し」との一節があるにとどまる（↓一七三頁）。しかし、国民が国家を「愛情・責任感・気概」を持って支える「責務」があると憲法が定めることは、「国家を縛るルール」を「国民の行為規範」へ、さらに「国民支配のための道具」へと変えていくための「最初の一歩」となる。

これも第7章で指摘したが、改憲規定が緩和された暁には、それを悪用して、「愛国心」を憲法に書き込むための改憲を実行しないとは限らない。いや、教育基本法の「改正」に成功したら、「教育基本法の精神と平仄を合わせるため」などと論じて、「愛国心」を書き込むための改憲に手をつける可能性が高いのでないか。なにせ奴らは本気なのだから。

## †歌わせたい男たち

二〇〇五年一二月、『歌わせたい男たち』（二兎社。永井愛の作・演出）という舞台を観た。「日の丸・君が代」問題を抱える都立高校の卒業式直前の二時間を描いた、とても面白い舞台だった。卒業式で「君が代」のピアノ伴奏をする音楽教師（戸田恵子）と、たった一人で不起立を通そうとする社会科教師（近藤芳正）が名古屋弁で激論する舞台を、本場の名古屋で観ることができたのは幸せだった。

舞台の後半、不起立者が出そうになって狂乱した校長（大谷亮介）が、屋上で大演説を始める。演説をするうちに校長はだんだん激してきて、最後に「ハイル・ヒトラー！」のジェスチャーをかますのだが（ここで観客は大爆笑する）、興味深かったのは、校長の演説の内容が、「日の丸・君が代」に関する政府見解や裁判所の判決などのコラージュだったことだ。政府見解や判決の内容を人前で大きな声でしゃべると、「お馬鹿さん」にしかみえないことを、エンターテイメントの枠から外れずに（説教臭くならずに）、見事に描ききった永井の手腕に私は感服した。

この校長は、「起立して、大声で歌っても、君たちの内心の自由は侵されません！」と熱弁する。確かにそのとおりかもしれない。「日の丸・君が代」なんてどうでもいいと思っている教師・生徒なら、みんなと一緒に起立して、みんなと一緒に歌うことは簡単である。ならば、「日の丸・君が代」に反対する教師・生徒も、「形だけ」起立し、「形だけ」

歌えば、それで丸く収まるではないか。校長は何度もそういう趣旨のことを述べて、社会科教師を説得しようとした。

もちろん、内面の自由と外的行動がつねに分離可能だという、校長の主張はまったくの詭弁《きべん》である。もしこの理屈が通るなら、キリシタンに踏み絵を踏ませること（＝外的行動）も、信仰の自由（＝内面の自由）を侵害しないことになる。こんな馬鹿な話はない（東京都における自由の保障のレベルはキリシタン禁制の江戸幕府並み？　そんな馬鹿な！）。しかし、ここで私が考えてみたいのは、「形だけ」の起立と熱唱に何の意味があるのか、という問題のほうである。

## †リア王の教訓

『歌わせたい男たち』の校長の熱弁を聞きながら、私が思い出していたのは、シェークスピア『リア王』の第一幕第一場の場面だった。周知のとおり、年老いたリア王が三人の娘に王国を分割相続させる場面である。「愛の競り売り」の場面と称したほうが正確かもしれない。そこで、リアは娘たちにこんな「課題」を出す。

さて、娘たち、これから父は支配権も、領土所有権も、国政執行権も譲りわたすのであるが、御身たちのうち誰がいちばん孝養をつくす気か。親に対する愛情がふかく、孝行がそれにともなう者には、それに応じて最大のゆずり物をしたいものだ（［36］一六）。

このリアの「課題」を受けて、長女のゴネリルと次女のリーガンは歯の浮くような台詞《せりふ》で、父への親愛の気持ちと孝養の意思を述べる。この二人が後にリアを裏切り、彼を絶望のどん底へと叩き落すことは、ご存知のとおりである。さて、リアは最愛の三女、コーディリアにこう話しかける。

姉たちのよりももっと大きな三番目の領土を自分の物とするためにお前はどう言えるか。話してごらん（［36］一八）。

それに対するコーディリアの応答はひと言。「何もございません」。彼女の応答に激怒したリアが彼女を無一文で追放し、コーディリアを弁護したケント伯も宮廷から排除される。最後にリアを守ろうとしたのが、この二人だったこともご存知のとおりである。ただし、ここで、注目したいのは、リアが「お前はどう言えるか」という課題を出している点だ。

マイケル・イグナティィエフによれば、「愛を強制できる」と考えるほど、リアは愚かではない（日本の改憲派はどうだろう?）。彼は「自分が命令できるもの」と「自分のニーズ」の違いを知っている。リアとしてみれば、コーディリアの形式的な行為（公的場面での美辞麗句）で十分だった。だから、彼は「どう言えるか」という課題を出したのだ。それなのに、コーディリアはその要求を拒絶する。「コーディリアの過ちは愛情を告白しようとしないことではなく、あまりに率直すぎるほどに愛情を告白している点にある」とイグナティィエフは述べる（［06］五六―九）。

そして、父に対する彼女の愛情が「本物」だからこそ、コーディリアはこう述べるほかない。結婚すれば、自分の愛の半ばは夫のものとなる。結婚後は二人の姉のようにすべての愛を父に捧げるわけにはいかない、と（［36］一九）。夫を持ちながら、すべての愛を父に捧げることを誓う二人の姉は、夫を全く愛していないか、嘘をついているかのいずれかである。コーディリアの「真の愛情」は、儀礼的な「愛の競り合い」の虚偽性を容赦なく暴露する。

「リア王の教訓」とは、次の点にある。リアよりも愚かな支配者が「愛を強制できる」と考えて「愛国心」を強制すれば、その社会は多数のゴネリルとリーガンを持つことになる。

他方、リアのように（そして校長のように）形式的行為で十分と考えるのであれば、コーディリアのように「心から愛する人」を失うことになる。いずれにしても、得るものは少なく、失うものは大きい。

## †ソクラテスの弁明、如是閑の愛国的精神

プラトン『ソクラテスの弁明』において、ソクラテスは、正しき法によって自分が当然受けるべきものは、プリュタネイオン（国家に功労のあった人物に国費で食事をさせる場所）での食事であると弁ずる。なぜなら、巨大な軍馬を覚醒させるのに虻が必要なのと同様に、巨大な都市国家（アテネ）にはソクラテスが必要だからだ。だからこそ、彼は終日、いたる所で市民を覚醒させ、説得し、非難することをやめないのである（［62］三九―五〇）。ソクラテスは自分こそ、「アテネを心から愛する市民」だと訴える。だから、プリュタネイオンでの食事こそふさわしいと彼は弁ずるわけだが、現代日本の政治と思想の状況に思いをはせるとき、この「ソクラテスの弁明」から、私たちは貴重な示唆を得ることができるように思われる。

戦前日本の代表的知識人、長谷川如是閑《によぜかん》はある論説の中で、次のように述べている。

尤《もっと》も、他人をして眉を顰《ひそ》めしむるような仕事を遣《や》っているもの、乃至《ないし》遣ろうとする

ものは、大抵「国家のため」を標示している。例えば、個人には必要のないほどの巨額の利益を独占したり、あるいはそういう利益を不合理の方法（投機など）で獲得しているものの如きは、大抵「国家のため」に富を作るのだというようなことを標榜《ひょうぼう》する。罪を犯す者のうちにも往々同じ筆法を採用しているのがある。軍国的の義賊の類がそれである。で普通真面目で正業に従事しているものは、かえって「国家のため」なんてことを考えもしなければ、無論そんなことを広言してはいない。それは「自分自身のためだ」といっても別段咎《とが》め立てをされる虞《おそ》れはないからである。「自分のため」だというと、聊《いささ》か問題にされそうな仕事をしているものだけが、「国家のため」という防禦線《ぼうぎょせん》を張っているのである（［05］一〇四—五）。

この「国家の進化と愛国的精神」と題された論説は一九二〇年に公表されたものだが、現代日本の問題状況を論評しているかのような錯覚さえ覚える。如是閑はその論説の末尾において、「愛国的精神」は「盲従的の服従と奉仕」ではなく、「批判的の服従と奉仕」でなければならないと論じた後、次のように述べる。

従って、国家は人民をして、国家自体の偏見に盲目的に服従せしむる策を取るよりも、自由に独立の批判を国家に加えることのできるような人民を有《も》つことが自家の安全のために必要なことなのである。合理的の批判によって国家組織の進化を促すことは、不合理な理想によって国家組織を硬化せしめるよりも、国家を鞏固《きょうこ》にし、安全にする途であって、そうすることが遥か愛国的なのである（［05］一二五）。

リア王の教訓、ソクラテスの弁明、そして、如是閑の愛国的精神を聞いた後で、もう一度、考えてみてほしい。イラク戦争に反対するビラを自衛官官舎に配った市民運動家と、彼らを逮捕した警察や彼らを有罪とした裁判官のいずれの側が、より「愛国的」だったのだろうか。また、卒業式に「日の丸・君が代」の強制を批判する記事を配って「威力業務妨害罪」で逮捕された元教員と、不起立者の人数を数え、「君が代」斉唱の声量までチェックしようとする教育委員会とでは、どちらが「愛国的」なのだろうか。

まぁ、改憲派の連中は、ソクラテスを殺し、コーディリアを追放して、ゴネリルやリーガンの輩《やから》を増やすつもりなのかもしれない。けれども、本当にそれでよいのだろうか。

## †最良のアメリカ

「9・11事件」の一年後、「ニューヨーク三部作」で有名な作家、ポール・オースターはあるエッセイで次のように述べた。

九月十一日の余波のなか、彼らはこの国の価値観をもう一度考え直し、我々と我々を攻撃した人々を隔てているものは何なのかを考えようとしていた。ほとんど例外なしに彼らが使ったのは、「民主主義」という言葉だった。それがアメリカの根底にある信条なのだ。個人の尊厳を信じ、たがいの文化・宗教の違いを認めあう。現実に我々が何べんその理想に達しそこなおうと、それが最良のアメリカだ。そして、その根本原理は、ニューヨークにおいて日々実現している（［19］二五九）。

オースターはブッシュ政権によるアフガニスタン攻撃を「侵略」と呼び、イラク攻撃の噂に憂慮する。そんな彼の目からすると、ブッシュ政権は「ニューヨークの惨事」を利用して、「最良のアメリカ」を壊そうとしているようにしかみえない。そこで、オースターは、ある雑誌のように「アメリカはニューヨークから出ていけ」とまではいわないが、せめてブッシュはニューヨークに移り住んだらどうかと提案する。そうすれば、自分が統治している国についてなにがしかを学べるはずだとオースターはいう。

オースターを愛読する私だが、「9・11事件」以後のアメリカにおける「愛国主義」の動向をみる限り、基本的には「国境のような恣意的な境界が、なぜ我々の思惟において深遠で形成的な役割を有するなどと認めなければならないのか」と論ずるマーサ・ヌスバウムの立場に賛成である（［52］三五―六）。それでも、やはり「アメリカ」が担ってきた政治的価値というものを語る余地はあるように思われる。たとえば、黒人詩人のラングストン・ヒューズは、「アメリカを再びアメリカにしよう」という詩の中で、こう歌っている。


黒いアフリカの海岸からひっぺがされて僕は来たのだ。「自由の国」をつくるために。

自由の？

おお、アメリカを再びアメリカにしよう。いまだ一度もなったことはないのだが。

だが、必ずやなるにちがいない国土にしよう。「あらゆる」人が自由な国土にしよう。

僕のものと言える国土に。貧乏人の、インディアンの、黒ん坊の、「僕」の――

おおそうだ。僕はかくさず言おう。アメリカはこの僕にアメリカであったことはないけれど、僕はここに誓うのだ。アメリカはそうなると！　永生の種子。その夢は僕の心臓ふかく横たわる（［63］一）。

「長く曲がりくねった」思索を経て、どうやら私たちは、ヴォネガットの講演へと立ち戻ったようだ。

## †「暴走」の記憶

すると、私たちにとっての問題は、「アメリカ」と同じように、「日本」について、「愛国心」を語ることができるのか、語ることにどんな意味があるのか、という点にある。ただし、この問題を考察する前に、ぜひ思い出しておきたい記憶がある。日本の「愛国心」がかつて「暴走」をした記憶である。

国家を法人と考え（国家法人説）、天皇を国家機関と考えることで、明治憲法の立憲主義的要素を最大限に生かした美濃部《みのべ》達吉《たつきち》の「天皇機関説」は、大正デモクラシーを背景として学界の正統説となる。しかし、昭和の軍国主義化の下で美濃部の著書は発禁処分を受け、彼は貴族院議員を辞任した（一九三五年）。これが天皇機関説事件である。美濃部以外の機関説論者を排撃するために組織された政治運動を国体明徴運動と呼ぶが、この運動の一環として文部省が作成した『国体の本義』（一九三七年）には、次の一節があった。

忠は、天皇を中心とし奉り、天皇に絶対随順する道である。絶対随順は、我を捨て私を去り、ひたすらに天皇に奉仕することである。この忠の道を行ずることが我等国民の唯一の生きる道であり、あらゆる力の源泉である。されば、天皇の御ために身命を捧げることは、所謂《いわゆる》自己犠牲ではなくして、小我を捨てて大いなる御稜威に生き、国民としての真生命を発揚する所以《ゆえん》である。

君たちはどんな感想をもっただろうか。「天皇のために死ぬことは、自己犠牲でさえない」と『国体の本義』は主張している。これは、現在「テロリスト」と呼ばれる人びとの論理と紙一重ではないか（それも、かなりの薄紙である）。忘れないでおこう。私たちがかつて一度、「明日なき暴走」をしてしまったことを。

## †「自由の下支え」としての憲法九条

「戦前の日本では、軍事という価値が……基本的に日本社会の最高の価値を占めていたはずです。……第九条の存在は、そういう社会の価値体系を逆転させたということに、大きな意味があったのです」と樋口陽一は述べている（[60] 二二二―三）。

個人の多様性を承認する立憲主義国家にとって「批判の自由」はその生命線である。戦前日本が狂信的な戦争に邁進していったのも、「批判の自由」があまりに僅少だったことの当然の帰結である。戦後日本は「普通の立憲主義国家」になるために、「普通の国」からの飛躍、すなわち、絶対平和主義を必要とした。この「逆説」には何度でも立ち戻ってみるだけの価値がある。

ところで、樋口のいう「自由の下支えとしての憲法九条」という論点は、もはや過去の問題なのだろうか。決してそうは思えない。何度も指摘したが（それだけ、私は本気で憂慮しているわけだが）、改憲論議が高まる現在の日本は同時に、イラク派兵に反対するビラを自衛官官舎に配っただけで逮捕され、七五日間も勾留される社会であり、卒業式で「日の丸・君が代」の強制を批判する記事を配ったら、「威力業務妨害罪」で起訴されかねない社会である。「自由の下支えとしての憲法九条」という見方は、ますます重要性を増しているといえるだろう。

長野市松代に「松代《まつしろ》大本営跡」と呼ばれる地下壕がある。長野市に住んでいた頃、私は何度かそこを訪れた。君たちもぜひ、一度は訪れてみてほしい。「一億玉砕」を叫んだ政府は、自分たちだけは生き延びようと敗戦間際まで、せっせと巨大なトンネルを掘っていた。「松代大本営跡」は、大日本帝国の恥ずべき歴史を記憶するモニュメントである。

そこでの忘れられない体験が一つある。地下壕を訪れた沖縄県出身のおばあさんから、自分が体験したガマの「狭さ」と比べて、地下壕の「広さ」に驚いたという感想を聞いたことだ。おばあさんは小さな声で「悔しい」といった。私には、このエピソードが近代日本国家の特質を鮮やかに描き出しているように思えてならない。

では、現代日本国家はこのエピソードとは無縁であると胸を張っていえるのだろうか。ある自衛隊幹部が、「戦争の本質を考えると、勝つためには人権よりも指揮権が優先されるのは、必然である。個人の生命が国家の生命に従属する。自衛隊も旧日本軍と同じ強さを維持しなければならない」と語ったのは一九八一年のことである（[29]一七九）。

日本の政治状況は、この頃よりもさらに悪くなったと私自身は考えているが、ならば、このことだけをとっても、今こそ憲法九条を護る意味があるといえそうである。私自身は、「批判の自由」のない社会に住みたいとは決して思わない。そして、日本がその方向に行くのかどうか、現在がその正念場だと私は診断している。

## †「押しつけ憲法論」の盲点

では、「日本」について「愛国心」を語ることができるのか、語ることにどんな意味があるのか、という問題を考えてみよう。

戦後日本において「憲法」と「愛国主義」の関係は、つねに「憲法」対「愛国主義」という構図であった。日本国憲法は天皇の身体の安全と引き換えにＧＨＱが押しつけた憲法であるという「押しつけ憲法論」が改憲派の人びとの間で執拗に主張されてきた（↓四〇頁）。しかし、「日本国憲法は押しつけ憲法か」という論争から抜け落ちていた論点がある。それは、沖縄は日本国憲法を「押しつけ」てもらえなかったという問題である。

沖縄にも日本国憲法が「押しつけ」られたなら、沖縄の戦後史はこれほど苦境に充ちたものとはならなかったのではないか。沖縄では「銃剣とブルドーザー」による暴力的な土地接収が行われ、米軍基地関係の犯罪や事故が頻発した（たとえば一九五九年六月の石川市米軍機墜落事件では一七人の生徒らが死亡）。「復帰」間近の一九六九年でさえ、軍人・軍属による殺人・強盗・放火・強姦などの兇悪犯《きょうあくはん》の検挙率は三四％という驚くべき低さである。

衆参両院に設置された憲法調査会が真面目に日本国憲法を調査・審議するつもりならば、「日本国憲法はGHQに押しつけられたのか」などというすでに調査・議論され尽くした問題ではなく、戦後沖縄の人権侵害状況を徹底的に調査し、もし日本国憲法が沖縄にも「押しつけ」られていれば、どの程度、沖縄の人びとの生活が改善したかについて十分な審議をするべきだったといえよう。このように重要な問題を真摯に検討する調査会であれば、委員の居眠り、私語、席替え、週刊誌読みなどの「内職」、発言原稿の棒読み、途中退席など「学級崩壊」の状況になることもなかったのではないか（[42]一二〇）。

## †沖縄が問いかける「憲法愛国主義」

「愛国心」の問題に戻ろう。前述したとおり、戦後日本において、「愛国」と「憲法」はつねに敵対関係にあった。しかし、「愛国」と「憲法」が協同関係にあった場所がある。それが沖縄である。ただし、その話をする前に、ユルゲン・ハーバーマスの「憲法愛国主義」という考え方を紹介しておきたい。

ハーバーマスはドイツ統合を前にして次のように論じた。アウシュヴィッツはドイツ人の歴史を徹底的に断絶させた。ドイツ人はもはや、自己のアイデンティティを歴史的な運命共同体としての民族（Volk）とか、言語共同体・文化共同体としての国民（Nation）とか、あるいは実績共同体としての社会保障システム・経済システムといった、しょせんは政治以前の所与にすぎない何物かに求めることはできない。ドイツ人のアイデンティティはドイツ連邦共和国基本法の「国家公民からなる国民」の担う規範的価値にのみ求めうる、と（[53]一六三―二〇〇）。

このハーバーマスの議論は次のように一般化できるだろう。憲法という規範的価値の媒介なしには、もはや国家を愛することはできない（許されない）という思想である。「国体護持」のための「捨て石」として行われた沖縄戦において、沖縄守備隊は、「爾今《じこん》軍人軍属を問わず標準語以外の使用を禁ず、沖縄語を以って談話しある者は間諜とみなして処分す」という命令を出した。スパイ容疑で殺された者も少なくない。このような歴史知識の断片でもあれば、沖縄との関係で「国民国家・日本」を自明視することはできないはずだ。「愛国心」を語ることの困難性にも当然、気づくはずである。

あえてくり返そう。「日本国憲法は押しつけ憲法か」という論争から抜け落ちていたのは、「沖縄は日本国憲法を押しつけてもらえなかった」という論点である。だからこそ、沖縄の復帰運動は主権・人権・平和の実現を目指す憲法運動という性格を持った。

ハーバーマス流にいうならば、南京大虐殺や七三一部隊、あるいは沖縄戦、集団自決という凄まじい経験の後では、日本国民は「万世一系の天皇制」とか「美しい日本語」とか経済大国とか、いずれにせよ、しょせんは政治以前の所与にすぎないものに、そのアイデンティティを求めることは許されない。日本国民のアイデンティティは、日本国憲法の「国民」の担う規範的価値にしか求めることはできない。このように考えると、沖縄の復帰運動は、「憲法愛国主義」の実践という要素を持っていたと読むことができるだろう。

## †憲法を生かす努力

奥平康弘によれば、権力や支配に抗議する異端者や少数者こそ、「想像力」を駆使して、憲法の価値を形成・発展させていく主体である。このような意味での「憲法を具体化する努力」は戦後日本でも行われてきたし、憲法裁判のレベルでも、何の成果もなかったというわけではない（[24]二一―二四、七四―八五）。

たとえば、女性が結婚すると当然に会社を退職する結婚退職制度や、女性のみ若年で定年退職する男女別定年制が、「公序良俗」（民法九〇条）に違反し、無効であるとされたのは、日本国憲法の下である（前者は一九六六年、後者は一九六九年に裁判所が違法とした）。

憲法を制定（あるいは改正）さえすれば、世の中が変わるわけではない。自分の自由や権利、そして、尊厳を護るために、権力や支配に抗議する人びとが、憲法の中に救済を見出すとき、憲法ははじめて護るに値するものになる。沖縄の復帰運動を「憲法愛国主義」の実践と解釈したのも、「憲法を具体化する努力」は権力や支配に抗議する実践の中にこそ見出しうると私も信じているからである。

ここで、ヴォネガットが講演の中で、奥平とまったく同じ議論をしていたことを思い出してみたい。彼はこう述べていた（→三三〇頁）。

この立派な変化をわれわれの態度にもたらしたものはだれか？　それは抑圧され、侮蔑されていた少数民族の人びとです。彼らは勇気と非常な威厳を持ちあわせており、それを憲法の権利章典に記された約束に結びつけたのです。

しかし、「愛国心」を書き込む改憲や、「憲法観の転換」を目論む改憲は、このような「異端者・少数者」の権利主張を著しく困難にする。換言すれば、「憲法を具体化する努力」をはなはだしく妨害する。第4章で論じたとおり、「持続的で討議的な自己統治」を可能にするためには、「集団偏向」を抑制するメカニズムを公的討議空間に組み込んでおくのが賢明である。そのための有効な方法は、異端者が公的討議空間に現れやすい環境を意図的に用意しておくことだ（↓一一〇頁）。

ここで、エイブラムズ判決におけるホームズ判事の警句を思い出すことも、有意義だろう。彼の警句が伝えるのは、「憲法をつくるという営みは、欲望や感性のままに生きたい人間からみれば、不自然で人工的な営みである。それでも、それはつくるに値する」という思想である（↓四七頁）。残念ながら、このように普遍的な価値を有する憲法思想を現代改憲論の中に見出すことは、本当に難しい。

ヴォネガットやオースター、あるいは、ラングストン・ヒューズが語る「最良のアメリカ」なら格別、少なくとも、『国体の本義』という「明日なき暴走」を経験しながら、それとは別の「愛国主義」をいまだ描き出せていない「日本」において、「愛国心」は立憲民主主義の維持・発展のために必要不可欠な環境を破壊する機能しか果たしそうにない。ならば、「愛国心」という言葉を書き込むための改憲は、「憲法改悪」というほかないだろう。私は断言する。「百害あって一利なし」である。

けれども、私たちが、オースターに倣《なら》って、次のような「最良の戦後日本」を語ることができるのであれば、私は「愛国者」と呼ばれるのを恥ずかしいことだとは思わない。

「武力によらない平和」という言葉が、戦後日本の根底にある信条なのだ。「平和を愛する諸国民の公正と信義」を信頼し、たとえ自国の利益が損なわれるとしても、決して武力を行使したり、武力で脅かしたりしない。現実に我々が何べんその理想に達しそこなおうと、それが最良の戦後日本だ。そして、その根本原理は、それぞれの地域で日々実現している。

私はまだ、この「戦後日本の理想」を諦めるつもりはない。

# 別の日の狩田ゼミの風景——結びに代えて

## †九回の講義を終えて

結局、狩田教授は「社会科学入門ゼミ」の九回分をほとんど一人でしゃべってしまった。本来は、学生が自由にテーマを決めて報告をし、その報告を「たたき台」にして、参加者全員で議論する形式でゼミを運営する方針だった（このほうが教師も楽だし）。しかし、池下君と今池さんが「改憲問題」を報告テーマにして以来、ゼミの時間の前半は狩田教授がその日のテーマに関する講義をし、後半でゼミ生が議論をするかたちになってしまった（実は、本書の第1章から第9章は、狩田教授の講義ノートをまとめたものである）。

早いことに今日はもう、今年度の「社会科学入門ゼミ」の最後の時間である。ゼミ生たちは、「押しつけ憲法論」や「解釈改憲最悪論」のように、改憲案の具体的中身を問わずに改憲の是非を議論する不毛な「空中戦」をやめて、現代日本の政治・社会・経済の状況、あるいは日本を取り巻く国際環境などとの関係で、どのような内容の改憲案であれば、日本社会にどのような変化が生じるのか、その変化は本当に望ましいものか否か、といった問題を具体的に議論するようになった。この議論のあり方こそ、狩田教授が当初から望んでいたものである。だから、狩田教授は毎回の講義の終わりに必ず、「主権者は君たちです。自分でよく考えて、友人と腹を割って議論をし、自分の責任で決めてください」ということにしていた。

## †憲法論議は大切？

今日は、狩田教授による九回の講義全体を議論の素材にして、ゼミ生たちが自由に議論をしていた。今日も元気な本郷君が熱く語り、静かな荒畑君がクールに切り返している。狩田教授は以前のように、目をつぶってゼミ生の議論を聞いていた。すると、今池さんが狩田教授に問いかける。

今池「先生、起きてます？　先生にちょっとお尋ねしたいんですけど」。

狩田「ちゃんとみなさんの話を聞いていましたよ。何ですか、聞きたいことは？」。

今池「私、池澤夏樹さんの『憲法なんて知らないよ』（［07］）を読んでみたんです。池澤さんの小説の愛読者の先生ならご存知だと思いますけど、日本国憲法の難しい条文をわかりやすい文章に訳しなおした本です。その本の中で池澤さんは、『この憲法が理想的でいっさい手を着けない方がいいとは僕は思わない』と明言しています。そして、『憲法は変えられないわけではない。第九六条には憲法を変える方法が書いてあるし、国民にはその権利がある』と述べた後で、環境保護や地方自治の強化のために、新しい条項を加えるのはどうだろう、という問題提起をなさっているんです。

私、すごく共感しました。国民一人ひとりが憲法に関心を持って、その価値を再確認していくためにも、『現在の憲法は本当に理想的な憲法なのか』ということをくり返しくり返し議論していくことが大切だと思います。そう考えると、現在の改憲論議の高まりは、私たちが真剣に憲法に向き合うチャンスを与えてくれた、という見方もできるんじゃないでしょうか」。

狩田「池澤さんの本は僕も読みました。僕も日本国憲法を完全無欠の憲法だなんて考えていないよ。『憲法は変えられないわけではない』というのも、あらためて言うまでもないことだと思う。また、『五十年以上たって、この憲法に書いてない大きな問題がいくつも出てきた』というのも、たぶんそうなんでしょう。けれども、『今ある部分はそのままに、いくつかの条項を加えるのがいいかと思う』という彼の意見には賛成できませんね。

それは単に、現代改憲がもはや『サロン談義』の段階ではないという実践的な観点から賛成できない、という話ではありません。池澤さんのような憲法観は下手をすると、『憲法は長い時間をかけて、国民がそれを利用し、討議していく中で実現していく』という考え方を軽視する結果になりそうで、そこが心配なんです。でも、このような憲法のとらえ方はとても大切だと思う。そして、講義の最初で、ヴォネガットの講演に言及したのは(→二八頁)、現代日本の改憲論議に最も欠けているのが、このような憲法観だと、僕は考えるからなんです。そして、講義のまとめとして、『憲法を生かす努力』という話をしたのも、同じ問題意識にもとづいています」。

## †憲法論議は誰のものか

今池さんは狩田教授に食い下がる。

今池「先生のおっしゃることはわかります。でも、国民の側から『理想の憲法』を提示していくことに意味はないのでしょうか？　先生はたぶん、『今の政治状況をみれば、そんなの非現実的です。改憲派が実際に行おうとしている改憲の是非を議論すべきです』とおっしゃるんでしょうけど、それだと憲法はいつまでも私たちにとって、遠い存在であり続けてしまう気がします」。

狩田「重要な問題提起だと思います。実は、僕も国民の一人ひとりが自分にとって『理想の憲法』はどんなものか、ということを考えてみるのは大切だと思っています。何年か前の『社会科学入門ゼミ』では、外国の憲法も参考にしながら、ゼミ生に自分たちの『理想の憲法』を考えてもらったことがあります。『カリタ共和国憲法』って名前なんだけど、連邦制とか大統領制を採用していて、日本国憲法とはかなり違った内容でした。

でもね。教室の中で、あくまでも思考実験として『理想の憲法』を考えるのと、現実政治の中で、改憲派がつくる改憲案に投票する主権者の一人として改憲の是非を考えるのとでは、やっぱり本質的に問題が違うのではないでしょうか。僕は違うと思います。

衆議院憲法調査会会長の中山太郎さんは、調査会報告書の『まえがき』で、『憲法論議を憲法学者だけのものにしてはならない』といってるんです。僕もそう思う。まぁ、僕は憲法学者ではないから、なおさらそう思うのかもしれないけどね。中山さんは医者だからというのかもしれないけど、クローン技術や遺伝子操作技術の問題を医学者だけに任せるわけにはいかないのと同じように、改憲問題を憲法学者だけに任せるわけにはいかないというう。それはそうでしょう。生命倫理に関わる問題を医学者だけで決められたら、僕もそれに反対する。倫理学者や法律学者や一般市民を巻き込んで議論をしなくちゃダメだと僕も思います。

でもさ、僕は病気になって手術が必要になったら、専門家のところに行きますよ。ちゃんと医師免許を持ってて、手術の経験も豊富なお医者さんのとこに行くよ。生命倫理の問題を専門家に任せてはいけないと思うけど、だからといって、自分の手術を倫理学者や法律学者に任せようとは思わないし、もちろん一般市民に任せようとも思いませんね」。

### †改憲問題におけるインフォームド・コンセント

狩田教授の議論に反応したのは、予想どおり、桜山君である。

桜山「じゃあ、憲法の問題は専門の憲法学者に任せておいて、国民は黙ってそれに従えっていうんですか？　それじゃ、あまりに国民主権を軽視していませんか？」。

狩田「桜山君から、そういうお叱りを受けると思ったよ。でも、慌てないでください。そういうことではありません。手術だって、最終的な決定権は患者自身にあるはずです。でも、患者の専門的知識は必ずしも十分ではない。そこで、専門家である医師が患者に必要な説明をし、その説明をふまえて患者自身が判断すべきという考え方が、日本の医療現場にも浸透してきた。ご承知のとおり、インフォームド・コンセントという考え方です。

僕は改憲問題についても、インフォームド・コンセントが必要だと思う。今みたいに、改憲派の側が改憲の目的や効果に煙幕を張ろうとしているときにはとくにね。実は、君たちへのインフォームド・コンセントのつもりで、僕は話をしてたんです。

だから、何度もいったけど、『主権者は君たちです。自分でよく考えて、友人と腹を割って議論をし、自分の責任で決めてください』と僕は本気で思っています。でも、その際、僕が九回の講義で話したさまざまな論点について、ぜひ考えてみてほしいと思うんです。もちろん、僕は政治思想の専門家だから、僕の説明には不十分なところがあるでしょう。もしかしたら、勘違いがあるかもしれない。それは、みなさんがさらに勉強を深め、議論を重ねていきながら、僕の説明の不完全な点を直してくださることを期待します。

最後にもう一度、くり返すけど、主権者は君たちです。自分でよく考えて、友人と腹を割って議論をし、自分の責任で決めてください。確かに、私たちには憲法を変える権利があります。でも、憲法を変えない権利もあれば、変えさせない権利もあるんですから」。

狩田教授はそういうと、腕を組んで椅子の背にもたれかかり、そして目をつぶった。どうやら、いつも元気な本郷君がまた議論の口火を切ったようだ。またまた、荒畑君がクールに切り返す。

南向きのゼミ室には心地よい日差しがそそいでいる。狩田教授はいったん目を開けて、「どっこいしょ」と小さな声でいうと、今池さんの視線にとらえられる心配のない場所に椅子を少し移動させた。そして、今度は本当にウトウトし始めた。

# あとがき

二〇〇四年夏のある暑い日、午前中に神奈川県三浦市内で改憲問題に関する講演を終えた私は、その日の午後、品川駅で途中下車をして、沢庵《たくあん》禅師や賀茂真淵《かものまぶち》の墓で有名な東海禅寺の大山墓地を訪れた。漢文学者の妻に誘われて、江戸時代の儒学者である服部南郭《なんかく》(一六八三~一七五九年)の墓参りに行ったのである。

南郭について、私は何も知らない。私が墓参りをしたいと思ったのは、日本が対米開戦を決意した御前会議があったその日(一九四一年一一月五日)、永井荷風が南郭の墓を訪れ、日暮れまで服部家の墓地の見取り図を書いていたというエピソードを妻から聞いたためである。私は南郭の墓の前で、時勢に背を向けた六一歳の荷風が無心に、墓の見取り図を書き、碑文を写す姿を想像してみた。寒い中で無理をしたのだろう、荷風は翌日、風邪をひいている。この挿話さえも、私には何かうれしい。

本書の執筆を引き受けるべきかどうか、ずっと悩んでいた私が、執筆する覚悟を決めたのは、南郭の墓前だった。改憲派の人びとは、「日本の歴史・伝統・文化に根ざしたわが国固有の価値（すなわち『国柄』）」とやらを憲法前文に盛り込むべきだ、とかいいたがる（自民党「論点整理」）。けれども、南郭の墓前に佇《たたず》む荷風の姿もまた、私たちの歴史の一部のはずである。改憲派の議論の中には、私が愛する「日本」が見当たらない。だから、非才を省みず、本書を書いてみようと思った。

本書の一部は、水島朝穂編著『改憲論を診る』（法律文化社、二〇〇五年）、『論座』二〇〇四年二月号（朝日新聞社）、『ジュリスト』一二八九号（有斐閣、二〇〇五年）、『世界』二〇〇六年一月号（岩波書店）、『ポリティーク』一一号（旬報社、二〇〇六年）に掲載していただいた拙稿に加筆・修正したものを利用した。旧稿のリサイクルをお許しくださった、出版社および編集者各位に厚く御礼申し上げる。

今年で「不惑」になるが、まだまだ迷ってばかりいる私としては、新書の執筆など何十年も先の仕事だと考えていた。ちくま新書編集部の増田健史氏の熱心な勧めと万端のお世話がなければ、とうてい本書を書き上げることはできなかったと思う。原稿執筆の遅れに対するお詫びとともに、心より御礼申し上げたい。また、南郭の墓参りと『歌わせたい男たち』の舞台に誘ってくれたばかりか、文章の推敲や校正を手伝ってくれた、白石真子にも感謝している。

なお、この「あとがき」は、本書執筆の動機に関する私的感慨なので、「あとがき」を読んで、本書を買うかどうかを判断されては、ちと困る。購入を検討中の方には、「まえがき」のほうを読んでいただけると幸いである。そんなわけで、増田氏への感謝の意も込めて、彼が編集したちくま新書の逸品、長谷部恭男『憲法と平和を問いなおす』の「あとがき」の最後の一文を剽窃《ひょうせつ》することで本書を閉じることにしたい。

ところで、老婆心ながら申し上げるが、「まえがき」は九頁からである。

二〇〇六年一月

愛敬浩二

[83]　――「高度成長と企業社会」渡辺治編『日本の同時代史27 高度成長と企業社会』（吉川弘文堂、2004年）
[84]　――『憲法「改正」』（旬報社、2005年）
[85]　――『構造改革政治の時代　小泉政権論』（花伝社、2005年）
[86] Elster, Jon, *Ulysses and the Sirens* (Cambridge University Press, 1984).
[87]　―― *Ulysses Unbound* (Cambridge University Press, 2000).
[88] Holmes, Stephen, *Passions & Constraint* (University of Chicago Press, 1995).
[89] Pocock, J.G.A., *The Ancient Constitution and Feudal Law,* reissue with a retrospect (Cambridge University Press, 1987).
[90] Sunstein, Cass, *Designing Democracy* (Oxford University Press, 2001).
[91]　―― *Why Societies Need Dissent* (Harvard University Press, 2003).
[92] Waldron, Jeremy, *Law and Disagreement* (Clarendon Press, 1999).
[93] Walzer, Michael, *Arguing About War* (Yale University Press, 2004).

1964年)
[63] 本田創造『アメリカ黒人の歴史　新版』(岩波新書、1991年)
[64] 前田哲男・飯島滋明編著『国会審議から防衛論を読み解く』(三省堂、2003年)
[65] 前田哲男・半田滋・川崎哲「安全保障政策の大転換が始まった」世界2004年12月号
[66] 丸山眞男「E・ハーバード・ノーマンを悼む」『丸山眞男集　第7巻』(岩波書店、1996年)
[67] 御厨貴「九条棚上げの歴史を分析する」中央公論2005年1月号
[68] 武者小路公秀「平和的生存権と人間安全保障」深瀬忠一ほか編『恒久世界平和のために』(勁草書房、1998年)
[69] 最上敏樹『国連とアメリカ』(岩波新書、2005年)
[70] 谷澤正嗣「現代リベラリズムにおける立憲主義とデモクラシー」飯島昇藏・川岸令和編『憲法と政治思想の対話』(新評論、2002年)
[71] 山口二郎「政治時評」週刊金曜日580号 (2005年)
[72] 山田朗『護憲派のための軍事入門』(花伝社、2005年)
[73] 山田昌弘『希望格差社会』(筑摩書房、2004年)
[74] 山室信一『日露戦争の世紀』(岩波新書、2005年)
[75] 吉田敏浩『ルポ戦争協力拒否』(岩波新書、2005年)
[76] 読売新聞社編『憲法改正　読売試案2004年』(中央公論新社、2004年)
[77] ライシュ、ロバート・B.(石塚雅彦訳)『アメリカは正気を取り戻せるか』(東洋経済新報社、2004年)
[78] 和田進「経済大国化と国民意識の変貌」渡辺治ほか共著『「憲法改正」批判』(労働旬報社、1994年)
[79] 渡辺治『日本国憲法「改正」史』(日本評論社、1987年)
[80] ―― 『政治改革と憲法改正』(青木書店、1994年)
[81] ―― 『憲法「改正」の争点』(旬報社、2002年)
[82] ―― 「総論・アメリカ帝国の自由市場形成と現代の戦争」渡辺治・後藤道夫編『講座戦争と現代1　「新しい戦争」の時代と日本』(大月書店、2003年)

［42］高田健「いったい何を『調査』したのか」世界2005年６月号
［43］高見順『敗戦日記』（中公文庫、2005年）
［44］高柳賢三ほか編著『日本国憲法制定の過程Ｉ』（有斐閣、1972年）
［45］田中伸尚『憲法九条の戦後史』（岩波新書、2005年）
［46］デウィット、アンドリュー・金子勝『反ブッシュイズム２　終わらない戦争』（岩波ブックレット、2003年）
［47］土井敏邦『米軍はイラクで何をしたのか』（岩波書店、2004年）
［48］ドゥウオーキン、ロナルド（木下毅ほか訳）『権利論（増補版）』（木鐸社、2003年）
［49］中山太郎「憲法改正へ国会論争はここまで達した」現代2004年６月号
［50］西修『日本国憲法を考える』（文春新書、1999年）
［51］西原博史「〈国家を縛るルール〉から〈国民支配のための道具〉へ？」現代思想2004年10月号
［52］ヌスバウム、マーサ・C.ほか（辰巳伸知・能川元一訳）『国を愛するということ』（人文書院、2000年）
［53］ハーバーマス、J.（三島憲一編訳）『近代　未完のプロジェクト』（岩波現代文庫、2000年）
［54］長谷部恭男『憲法と平和を問いなおす』（ちくま新書、2004年）
［55］　――　『憲法　第３版』（新世社、2004年）
［56］　――　「日本の立憲主義よ、どこへ行く？」論座2005年６月号
［57］英正道・山崎拓・保岡興治「自国の伝統・文化・歴史に立脚した新しい憲法を」月刊自由民主2004年５月号
［58］半田滋『闘えない軍隊』（講談社＋α新書、2005年）
［59］樋口陽一「戦争放棄」同編『講座憲法学２　主権と国際社会』（日本評論社、1994年）
［60］　――　『個人と国家』（集英社新書、2000年）
［61］久江雅彦『米軍再編』（講談社現代新書、2005年）
［62］プラトン（久保勉訳）『ソクラテスの弁明・クリトン』（岩波文庫、

[18] エドソール、T. B. ほか（飛田茂雄訳）『争うアメリカ』（みすず書房、1995年）
[19] オースター、ポール（柴田元幸訳）『トゥルー・ストーリーズ』（新潮社、2004年）
[20] 大沼保昭「護憲的改憲論」ジュリスト1260号（2004年）
[21] 大沼保昭・船曳建夫「憲法対論」論座2005年3月号
[22] 荻野美穂『中絶論争とアメリカ社会』（岩波書店、2001年）
[23] 奥平康弘『「表現の自由」を求めて』（岩波書店、1999年）
[24] ―― 『憲法の想像力』（日本評論社、2003年）
[25] 加藤周一『9条と日中韓』（かもがわ出版、2005年）
[26] 唐鎌直義「直視すべき12の指標　③社会保障」世界2004年8月号
[27] グレイ、ジョン（石塚雅彦訳）『グローバリズムという妄想』（日本経済新聞社、1999年）
[28] 憲法再生フォーラム編『改憲は必要か』（岩波新書、2004年）
[29] 纐纈厚『有事法制とは何か』（インパクト出版会、2002年）
[30] 古関彰一『新憲法の誕生』（中公文庫、1995年）
[31] ―― 『「平和国家」日本の再検討』（岩波書店、2002年）
[32] ―― 「『押しつけ』憲法論」全国憲法研究会編『憲法改正問題』（日本評論社、2005年）
[33] 後藤道夫『反「構造改革」』（青木書店、2002年）
[34] 小林正弥『非戦の哲学』（ちくま新書、2003年）
[35] ―― 「平和憲法の非戦解釈」ジュリスト1260号（2004年）
[36] シェイクスピア（斉藤勇訳）『リア王』（岩波文庫、1974年）
[37] ジョンソン、チャルマーズ（鈴木主税訳）『アメリカ帝国への報復』（集英社、2000年）
[38] ―― （村上和久訳）『アメリカ帝国の悲劇』（文藝春秋、2004年）
[39] 進藤榮一『分割された領土』（岩波現代文庫、2002年）
[40] 杉田敦「憲法と政治」憲法問題15号（2004年）
[41] 芹川洋一『憲法改革』（日本経済新聞社、2000年）

# 引用文献一覧


[01] 愛敬浩二『近代立憲主義思想の原像』(法律文化社、2003年)

[02] 秋山收・葛西敬之・御厨貴「もはや民意を問う段階である」中央公論2005年1月号

[03] 芦部信喜・高橋和之「座談会・日本国憲法50年の歩み」ジュリスト1089号 (1996年)

[04] 天木直人『さらば外務省!』(講談社、2003年)

[05] 飯田泰三・山領健二編『長谷川如是閑評論集』(岩波文庫、1989年)

[06] イグナティエフ、マイケル (添谷育志・金田耕一訳)『ニーズ・オブ・ストレンジャーズ』(風行社、1999年)

[07] 池澤夏樹『憲法なんて知らないよ』(集英社文庫、2005年)

[08] 池澤夏樹・本橋成一『イラクの小さな橋を渡って』(光文社、2003年)

[09] 石田雄『日本の政治と言葉　下』(東京大学出版会、1989年)

[10] 井上達夫「9条削除で真の『護憲』を」論座2005年6月号

[11] 今井一『「憲法九条」国民投票』(集英社新書、2003年)

[12] 今井一編『対論!　戦争、軍隊、この国の行方』(青木書店、2004年)

[13] ヴォネガット、カート (浅倉久志訳)『死よりも悪い運命』(早川書房、1993年)

[14] 内田樹『「おじさん」的思考』(晶文社、2002年)

[15] 浦田一郎『現代の平和主義と立憲主義』(日本評論社、1995年)

[16] ―― 「戦後憲法政治における9条の意義」ジュリスト1260号 (2004年)

[17] 浦部法穂「憲法九条と『人間の安全保障』」法律時報76巻7号 (2004年)

ちくま新書
594

改憲問題《かいけんもんだい》

二〇〇六年四月一〇日 第一刷発行

著者 愛敬浩二（あいきょう・こうじ）

発行者 菊池明郎

発行所 株式会社 筑摩書房
東京都台東区蔵前二-五-三 郵便番号一一一-八七五五
振替〇〇一六〇-八-四一二三

装幀者 間村俊一

印刷・製本 三松堂印刷 株式会社

乱丁・落丁本の場合は、左記宛に御送付下さい。
送料小社負担でお取り替えいたします。
ご注文・お問い合わせも左記へお願いいたします。
〒三三一-八五〇七 さいたま市北区櫛引町二-六〇四
筑摩書房サービスセンター
電話〇四八-六五一-〇〇五三

ISBN4-480-06299-8 C0232

# ちくま新書